LEARN CHINESE
VOCABULARY
FOR BEGINNERS

NEW HSK LEVEL 1 VOCABULARY BOOK
MASTER 500 WORDS IN CONTEXT

Chinese • Pinyin • English

LingLing

www.linglingmandarin.com

Copyright © 2023 Ling He (LingLing Mandarin)

All rights reserved. Ling He (LingLing Mandarin) owns copyright of all written content of the book. No part of this book including audio material may be reproduced or used in any manner without written permission of the copyright owner. For more information, contact:

enquiries@linglingmandarin.com

FIRST EDITION

Editing by Xinrong Huo
Cover design by LingLing

www.linglingmandarin.com

My gratitude goes to my wonderful students who study Mandarin with me. You have inspired my writing and provided me with valuable feedback to complete this book. Your support is deeply appreciated!

A special thanks goes to my husband, Phil, who motivated my creation and assisted with editing the book.

Access FREE AUDIO

Check the **"ACCESS AUDIO"** chapter for password and full instructions
(see Table of Contents)

CONTENTS

Introduction	7
Tones and Pinyin	11
Master Chinese Numbers	13
Vocabulary	25
Key Grammar	115
Access Audio	135
New HSK Vocabulary Series	136
Books by LingLing	137
About the Author	138

千里之行
qiān　lǐ　zhī　xíng

始于足下
shǐ　yú　zú　xià

*A journey of a thousand miles
begins with a single step*

— LAOZI —

INTRODUCTION

Welcome to the first book in the **NEW HSK Vocabulary Series**! This is also book one of three that make up the Elementary Chinese Vocabulary series, encompassing over 2000 Chinese words across three levels of learning. This book will teach you your first 500 Chinese words! Are you ready to get started? There will be challenges along the way, but my aim is to help you overcome those by providing you with helpful tips and resources that will make learning fun and give you great insights into both the Chinese language and culture.

WHAT IS THIS BOOK

This book focuses on building a solid foundation for Chinese language communication. The keywords covered in the vocabulary section of this book make up the New HSK Level 1. More on that later; don't worry if you don't know what that is or have no intention of studying specifically for it. The keywords, plus additional words used in the examples provided, form the basis of the most common and fundamental vocabulary required for communicating in Chinese.

The keywords are provided in alphabetical order according to the pinyin and include:

- Simplified Chinese characters used in Mainland China
- Pinyin for pronunciation aid
- English definitions
- Complete sentence examples demonstrating usage
- Full English translations
- Downloadable Chinese audio

In many cases where multiple definitions exist for a word, full-sentence examples are provided for each definition.

HOW WILL IT HELP

Learning a word in isolation has limited benefits; knowing how to use it correctly is crucial. This book provides examples to help you master vocabulary, usage, common sentence patterns, and related language. You will build a strong foundation of everyday Chinese words. Whether or not you take the HSK exam, you'll be well on your way to becoming conversational in Chinese.

FREE DOWNLOADABLE AUDIO

Great news! The Chinese audio files for the book is a FREE gift for you, which you can access from the Access Audio page (see table of contents). I strongly encourage you to download and use the audio as part of your learning with this book.

MASTER CHINESE NUMBERS

As a special bonus, I've included a section on mastering Chinese numbers, teaching you step-by-step how to say any number from zero to a billion. Many of my beginner students are surprised at how quickly they can count large numbers in Chinese after learning the counting rules.

NEW HSK 1 KEY GRAMMER

To help you gain a deep understanding of Chinese grammar and sentence structures, I have summarized all the main HSK level 1 grammar points to guide your learning. If you're a beginner, I highly recommend reviewing this section first before starting the main vocabulary learning.

LEVEL UP YOUR LEARNING WITH COMPANION BOOKS

To enhance your Chinese speaking and listening skills, I highly recommend using this book alongside my book, **Chinese Conversations for Beginners**. This combination provides a well-rounded approach to practice and improve your language abilities.

Additionally, if you enjoy engaging stories and want to explore Chinese culture, legends, and folktales, check out my book, **Chinese Stories for Language Learners: Elementary**. It offers an enjoyable way to deepen your language understanding while immersing yourself in Chinese cultural narratives.

WHY LEARN CHINESE

Chinese is one of the most varied, dynamic, and artistic languages and has developed over 3500 years. It is one of the most spoken languages in the world. Learning Chinese will open the door to new opportunities in life, travel, business, and personal development.

ABOUT THE CHINESE LANGUAGE

Many people consider Chinese to be one of the hardest languages to learn for native English speakers. While it will take a good amount of effort and time, it is an enriching and rewarding experience. Many students even find it easier than they first thought. Consider Chinese grammar; it is relatively simple compared to many Indo-European languages. Verbs have no tense, and nouns have no gender or plurality variations.

The key to learning Chinese, especially spoken Chinese, is through the study of words in context (no need for hours of complex grammar classes). You will also most effectively learn key sentence patterns this way, as well as vocabulary.

NEW HSK LEVEL 1

HSK is short for Hanyu Shuiping Kaoshi (Mandarin Level Examination) - an international standard skill test for non-native Chinese speakers officially introduced by the Chinese government and organized by the Chinese Education Ministry Hanban/Confucius Institutes. The old HSK Standard has 6 levels; however, starting July 2021, the New HSK standard (HSK 3.0) will replace it. The new version has 9 levels, with a more specific classification system, including both levels and bands. Compared to its predecessor, it is upgraded and expanded. The number of words required for each level also increased.

As a general learner, you only need to focus from level 1 to level 6 to become an effective Mandarin speaker. Level 7 and above is designed specifically for advanced learners, for example, those who intend to progress into a Masters or PhD program in Chinese language study.

HOW TO USE THIS BOOK

Here are some tips to use this book most effectively:

1. **Stick to a fixed routine.** For example, master ten words per day or week - you pick a number and schedule that suits you, but most importantly, stick to it.
2. **Capture the Words.** Write down the key vocabulary in a notebook or type it out digitally, this can enhance your memory of the characters.
3. **Read aloud**, especially the sentence examples. Imagine the context in your head when reading.
4. **Test** yourself by covering the Pinyin and English (using a bookmark for example). If you can read and understand the Chinese on its own, you have memorized it.
5. **Listen** to the audio. Practice imitating the audio and keep listening until you can comprehend the audio without the help of the text.
6. **Review** as often as you can. Repetition is the mother of skill!
7. **Create** your own sentence examples. Practice speaking them aloud, and if possible, use them with a language partner. One becomes a true master through creation!

BELIEVE IN YOURSELF

Never be afraid of making mistakes. In real life, even advanced learners and native speakers make mistakes! Learning from mistakes only makes us grow quicker! So, never let mistakes put you off. Instead, be bold, embrace and learn from them!

SET GOALS AND STAY COMMITTED

Have a committed learning attitude and set goals from small to big will lead you to great achievements in your Chinese learning journey. So stay committed and never give up! Just like this Chinese idiom:

Nothing is impossible to a willing heart

TONES AND PINYIN

CHINESE AS A TONAL LANGUAGE

You have probably heard that Mandarin Chinese is a "tonal language," but what does this mean? Many characters have the same basic sound in Mandarin Chinese; therefore, we use tones when speaking to differentiate words. In Mandarin Chinese, there are four tones plus a neutral "tone":

First Tone	High (and flat)	▬	Pitch starts higher and stays high (no change in tone) - sound is slightly more drawn out
Second Tone	Rising	╱	Pitch starts low and ends slightly high
Third Tone	Falling then Rising	⋁	Pitch starts neutral, dips to lower, then rises to a higher pitch
Fourth Tone	Falling	╲	Pitch starts slightly higher then falls quickly to a lower tone
Neutral Tone	Neutral		Neutral pronunciation with no change to pitch

Let's take a look at an example of how the tone determines the word being spoken; the following words all use the base syllable "ma" but with different tones applied (listen to the audio for pronunciation):

Character	妈	麻	马	骂	吗
Pinyin	mā	má	mǎ	mà	ma
Meaning	mother	hemp	horse	scold	question particle
Tone	first	second	third	fourth	neutral

PINYIN

Pinyin, literally "spelled sounds," is the official romanization system for Mandarin Chinese in Mainland China. It is the most commonly used phonetic system for writing Mandarin using the Latin alphabet. Since Chinese is not a phonetic language and has no alphabet, Pinyin can help accelerate Chinese learning.

Pinyin is typically displayed above, or sometimes below, the actual Chinese characters.

It provides two important pieces of information to the reader; firstly, the basic sound/syllable of the character, and secondly, the tone. The basic sound can be broken down into an "initial" and a "final." The tone is denoted through one of four possible accent marks above the Latin characters. For example, the word for China (composed of two characters):

Character	Initial		Final		Tone		Syllable
中	zh	+	ong	+	‾	=	zhōng
国	g	+	uo	+	´	=	guó

It is important to know and remember that Pinyin is not English (or any other language using the Latin alphabet)! Some resources provide approximations of Pinyin sounds to English, but these do not always accurately capture the nuances and differences in pronunciation. Use the audio provided for this book and listen to other native speakers to truly hone and master pronunciation.

Pinyin is also frequently used as an input method on phones and computers for Chinese. You can type in Pinyin and select the correct Chinese characters from a list of matching ones.

ni'hao

| 1 你好   2 你号   3 拟好   4 倪浩

1

MASTER CHINESE NUMBERS

ZERO TO A BILLION

ZERO TO TEN

The numbers from one to ten form the basis of all the other numbers in Chinese. So if you can count to ten, then following the rules laid out in this chapter, you'll have no problems saying much bigger numbers!

Here are the numbers from zero to ten in Chinese:

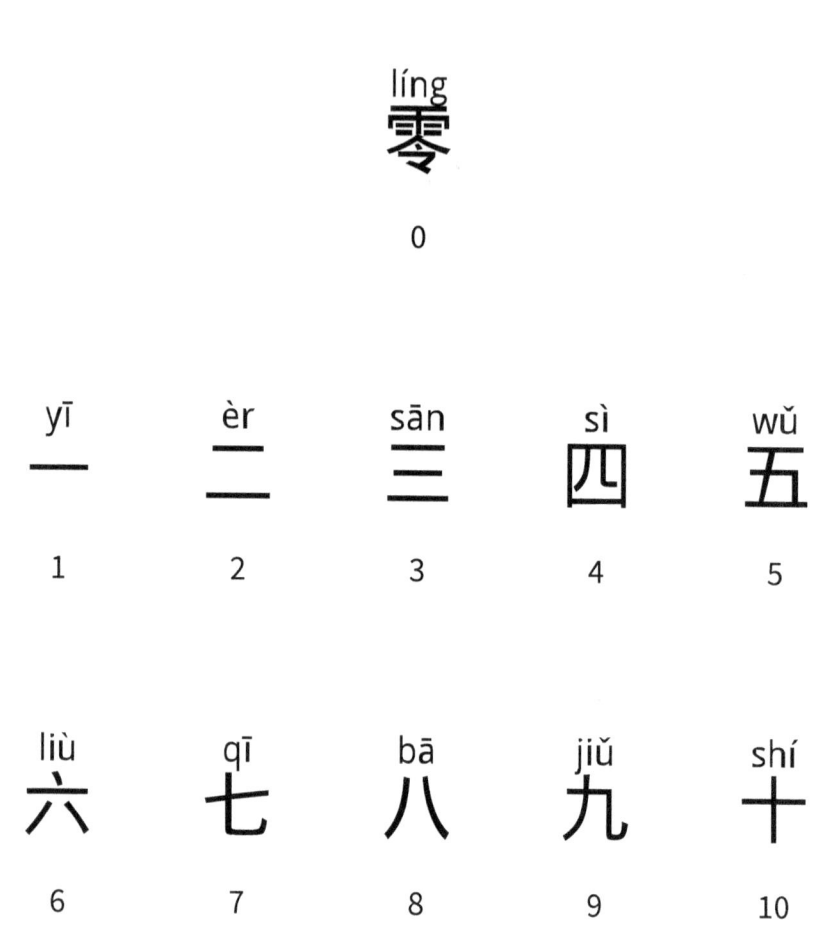

THE NON-10s RULE

Counting in Chinese follows basic mathematical principles. Just like adding 10 and 1 equals 11; so 11 in Chinese is 十一 (十 plus 一). Imagine saying "ten-one" in English - no need to learn special numbers for 11 to 19.

See the table provided for how this rule works when counting from 11 to 19. The rule continues to apply for 21 to 29, 31 to 39, 41 to 49, and so on.

十一 (shí yī) 11	=	十 (shí) 10 + 一 (yī) 1
十二 (shí èr) 12	=	十 (shí) 10 + 二 (èr) 2
十三 (shí sān) 13	=	十 (shí) 10 + 三 (sān) 3
十四 (shí sì) 14	=	十 (shí) 10 + 四 (sì) 4
十五 (shí wǔ) 15	=	十 (shí) 10 + 五 (wǔ) 5
十六 (shí liù) 16	=	十 (shí) 10 + 六 (liù) 6
十七 (shí qī) 17	=	十 (shí) 10 + 七 (qī) 7
十八 (shí bā) 18	=	十 (shí) 10 + 八 (bā) 8
十九 (shí jiǔ) 19	=	十 (shí) 10 + 九 (jiǔ) 9

THE RULE OF 10s

Just like the number 20 is a multiplication of 2 and 10, so 20 in Chinese is 二十 (二 multiplied by 十), imagine saying it as "two-tens" in English.

èr shí		èr		shí
二十	=	二	x	十
20		2		10
sān shí		sān		shí
三十	=	三	x	十
30		3		10
sì shí		sì		shí
四十	=	四	x	十
40		4		10
wǔ shí		wǔ		shí
五十	=	五	x	十
50		5		10
liù shí		liù		shí
六十	=	六	x	十
60		6		10
qī shí		qī		shí
七十	=	七	x	十
70		7		10
bā shí		bā		shí
八十	=	八	x	十
80		8		10
jiǔ shí		jiǔ		shí
九十	=	九	x	十
90		9		10

EXAMPLES: UP TO 99

Using the rules and information provided so far, you should be able say any number up to 99 and you only need to know 10 words to do so (11 if you include zero - don't forget zero, you will be needing it later).

Let's take a look at a couple of examples that we can already say:

EXAMPLE A1: **26**

$$\underset{26}{\overset{\text{èr}}{\text{二}}\,\overset{\text{shí}}{\text{十}}\,\overset{\text{liù}}{\text{六}}} \;=\; \underset{20}{\overset{\text{èr}}{\text{二}} * \overset{\text{shí}}{\text{十}}} \;+\; \underset{6}{\overset{\text{liù}}{\text{六}}}$$

EXAMPLE A2: **34**

$$\underset{34}{\overset{\text{sān}}{\text{三}}\,\overset{\text{shí}}{\text{十}}\,\overset{\text{sì}}{\text{四}}} \;=\; \underset{30}{\overset{\text{sān}}{\text{三}} * \overset{\text{shí}}{\text{十}}} \;+\; \underset{4}{\overset{\text{sì}}{\text{四}}}$$

EXAMPLE A3: **57**

$$\underset{57}{\overset{\text{wǔ}}{\text{五}}\,\overset{\text{shí}}{\text{十}}\,\overset{\text{qī}}{\text{七}}} \;=\; \underset{50}{\overset{\text{wǔ}}{\text{五}} * \overset{\text{shí}}{\text{十}}} \;+\; \underset{7}{\overset{\text{qī}}{\text{七}}}$$

EXAMPLE A4: **85**

$$\underset{85}{\overset{\text{bā}}{\text{八}}\,\overset{\text{shí}}{\text{十}}\,\overset{\text{wǔ}}{\text{五}}} \;=\; \underset{80}{\overset{\text{bā}}{\text{八}} * \overset{\text{shí}}{\text{十}}} \;+\; \underset{5}{\overset{\text{wǔ}}{\text{五}}}$$

EXAMPLE A5: **99**

$$\underset{99}{\overset{\text{jiǔ}}{\text{九}}\,\overset{\text{shí}}{\text{十}}\,\overset{\text{jiǔ}}{\text{九}}} \;=\; \underset{90}{\overset{\text{jiǔ}}{\text{九}} * \overset{\text{shí}}{\text{十}}} \;+\; \underset{9}{\overset{\text{jiǔ}}{\text{九}}}$$

BIGGER NUMBERS

As the same rules apply to all other numbers in Chinese, you just need to **master the unit names** from ten onward, then you will be able to count much bigger numbers with ease!

Chinese	English	Number
shí 十	Ten	X0
bǎi 百	Hundred	X00
qiān 千	Thousand	X,000
wàn 万	Ten Thousand	X0,000
shí wàn 十万	Hundred Thousand	X00,000
bǎi wàn 百万	Million	X,000,000
qiān wàn 千万	Ten Million	X0,000,000
yì 亿	Hundred Million	X00,000,000
shí yì 十亿	Billion	X,000,000,000

EXAMPLE B1: 160

shí yì 十亿	yì 亿	qiān wàn 千万	bǎi wàn 百万	shí wàn 十万	wàn 万	qiān 千	bǎi 百	shí 十
Billion	Hundred Million	Ten Million	Million	Hundred Thousand	Ten Thousand	Thousand	Hundred	Ten
							1	6 0
							yī bǎi 一 百	liù shí 六 十

By knowing each unit name, plus using the rules provided, for 160 we get:

$$160 = \overset{yī}{一} \overset{bǎi}{百} \overset{liù}{六} \overset{shí}{十}$$

$$100\,(\overset{yī}{一}\overset{bǎi}{百}) \;+\; 60\,(\overset{liù}{六}\overset{shí}{十})$$

EXAMPLE B2: 1,273

shí yì 十亿	yì 亿	qiān wàn 千万	bǎi wàn 百万	shí wàn 十万	wàn 万	qiān 千	bǎi 百	shí 十
Billion	Hundred Million	Ten Million	Million	Hundred Thousand	Ten Thousand	Thousand	Hundred	Ten
						1	2	7 3
						yī qiān 一 千	èr bǎi 二 百	qī shí 七 十 / sān 三

$$1{,}273 = \overset{yī}{一}\overset{qiān}{千}\overset{èr}{二}\overset{bǎi}{百}\overset{qī}{七}\overset{shí}{十}\overset{sān}{三}$$

$$1000\,(\overset{yī}{一}\overset{qiān}{千}) \;+\; 200\,(\overset{èr}{二}\overset{bǎi}{百}) \;+\; 70\,(\overset{qī}{七}\overset{shí}{十}) \;+\; 3\,(\overset{sān}{三})$$

EXAMPLE B3: 89,520

shí yì 十亿	yì 亿	qiān wàn 千万	bǎi wàn 百万	shí wàn 十万	wàn 万	qiān 千	bǎi 百	shí 十
Billion	Hundred Million	Ten Million	Million	Hundred Thousand	Ten Thousand	Thousand	Hundred	Ten
					8	9	5	2 0
					bā wàn 八 万	jiǔ qiān 九 千	wǔ bǎi 五 百	èr shí 二 十

$$89{,}520 = \overset{bā}{八}\overset{wàn}{万}\overset{jiǔ}{九}\overset{qiān}{千}\overset{wǔ}{五}\overset{bǎi}{百}\overset{èr}{二}\overset{shí}{十}$$

$$80{,}000\,(\overset{bā}{八}\overset{wàn}{万}) \;+\; 9000\,(\overset{jiǔ}{九}\overset{qiān}{千}) \;+\; 500\,(\overset{wǔ}{五}\overset{bǎi}{百}) \;+\; 20\,(\overset{èr}{二}\overset{shí}{十})$$

EXAMPLE B4: **794,000**

shí yì 十亿	yì 亿	qiān wàn 千万	bǎi wàn 百万	shí wàn 十万	wàn 万	qiān 千	bǎi 百	shí 十
Billion	Hundred Million	Ten Million	Million	Hundred Thousand	Ten Thousand	Thousand	Hundred	Ten
				7	9	4	0	0	0
				qī shí 七十	jiǔ wàn 九万	sì qiān 四千		

$$794,000 = \underset{qī}{七}\underset{shí}{十}\underset{jiǔ}{九}\underset{wàn}{万}\underset{sì}{四}\underset{qiān}{千}$$

700,000 (七十万) + 90,000 (九万) + 4,000 (四千)

IMPORTANT NOTE: You may have noticed that in Chinese when we count between ten thousand and up to one hundred million, we count in multiples of ten thousand (万). So we do not pronounce the 万 for every unit in this example, instead we would we just say 79万 (七十九万) for that part.

EXAMPLE B5: **9,000,000**

shí yì 十亿	yì 亿	qiān wàn 千万	bǎi wàn 百万	shí wàn 十万	wàn 万	qiān 千	bǎi 百	shí 十
Billion	Hundred Million	Ten Million	Million	Hundred Thousand	Ten Thousand	Thousand	Hundred	Ten
			9	0	0	0	0	0	0
			jiǔ bǎi wàn 九百万					

$$9,000,000 = \underset{jiǔ}{九}\underset{bǎi}{百}\underset{wàn}{万}$$

EXAMPLE B6: 15,360,000

shí yì 十亿 Billion	yì 亿 Hundred Million	qiān wàn 千万 Ten Million	bǎi wàn 百万 Million	shí wàn 十万 Hundred Thousand	wàn 万 Ten Thousand	qiān 千 Thousand	bǎi 百 Hundred	shí 十 Ten	
		1	5	3	6	0	0	0	0
		yī qiān 一千	wǔ bǎi 五百	sān shí 三十	liù wàn 六万				

$$15{,}360{,}000 = \overset{\text{yī qiān wǔ bǎi sān shí liù wàn}}{一千五百三十六万}$$

10,000,000 (一千万 yī qiān wàn) + 5,000,000 (五百万 wǔ bǎi wàn)
+ 300,000 (三十万 sān shí wàn) + 60,000 (六万 liù wàn)

You only need to pronounce 万 wàn once here: 1536万 wàn (一千五百三十六万 yī qiān wǔ bǎi sān shí liù wàn).

EXAMPLE B7: 2,400,000,000

shí yì 十亿 Billion	yì 亿 Hundred Million	qiān wàn 千万 Ten Million	bǎi wàn 百万 Million	shí wàn 十万 Hundred Thousand	wàn 万 Ten Thousand	qiān 千 Thousand	bǎi 百 Hundred	shí 十 Ten	
2	4	0	0	0	0	0	0	0	0
èr shí 二十	sì yì 四亿								

$$2{,}400{,}000{,}000 = \overset{\text{èr shí sì yì}}{二十四亿}$$

2,000,000,000 (二十亿) + 400,000,000 (四亿)

Billions are also pronounced as multiples of one hundred million, so rather than repeating 亿 yì for the billion and hundred million unit, we only say it once: 24亿 yì (二十四亿 èr shí sì yì).
This applies up to a trillion (兆 zhào).

EXAMPLE B8: 1,761,829,400

shí yì 十亿	yì 亿	qiān wàn 千万	bǎi wàn 百万	shí wàn 十万	wàn 万	qiān 千	bǎi 百	shí 十
Billion	Hundred Million	Ten Million	Million	Hundred Thousand	Ten Thousand	Thousand	Hundred	Ten
1	7	6	1	8	2	9	4	0	0
shí 十	qī yì 七亿	liù qiān 六千	yī bǎi 一百	bā shí 八十	èr wàn 二万	jiǔ qiān 九千	sì bǎi 四百	

(亿 spans over 十亿 and 亿; 万 spans over 千万, 百万, 十万, 万)

1,761,829,400 = 十七亿六千一百八十二万九千四百

1,700,000,000 (十七亿) + 61,820,000 (六千一百八十二万)
+ 9000 (九千) + 400 (四百)

For the curious or mathemtically inclined among you, here are some even bigger units:

百亿 (bǎi yì)   Ten Billion   X0,000,000,000

千亿 (qiān yì)   Hundred Billion   X00,000,000,000

兆 (zhào)   Trillion   X,000,000,000,000

THE RULE OF ZERO

Whenever a number contains one or more zeros in-between other non-zero numbers, you need to say the zero out loud, but you only need to **say it once** for each series of zeros:

101 = 一百零一 (yī bǎi líng yī)

909 = 九百零九 (jiǔ bǎi líng jiǔ)

1002 = 一千零二 (yī qiān líng èr)

10,006 = 一万零六 (yī wàn líng liù)

100,703 = 十万零七百零三 (shí wàn líng qī bǎi líng sān)

THE RULE OF 10 TO 19

For numbers 10 to 19, the number 10 is simply read as 十 (shí) not 一十 (yī shí).

However, for numbers after 100 that end with any number between 10 - 19, you must add 一 (yī) in front of 十 (shí), to become 一十 (yī shí).

110 = 一百一十 (yī bǎi yī shí)   NOT 一百十 (yī bǎi shí)

111 = 一百一十一 (yī bǎi yī shí yī)   NOT 一百十一 (yī bǎi shí yī)

1112 = 一千一百一十二 (yī qiān yī bǎi yī shí èr)   NOT 一千一百十二 (yī qiān yī bǎi shí èr)

11,113 = 一万一千一百一十三 (yī wàn yī qiān yī bǎi yī shí sān)   NOT 一万一千一百十三 (yī wàn yī qiān yī bǎi shí sān)

SUMMARY

1. Master numbers zero to ten
2. Learn the "Non-10s Rule"
3. Learn the "10s Rule"
4. Master the bigger units names (100 - 1,000,000,000)
5. Learn the "Rule of Zero"
6. Learn the "Rule of 10 to 19"

WRITING NUMBERS IN CHINESE

In modern China, arabic numerals (0 to 9) are used widely when writing numbers, so don't worry too much about writing numbers using Chinese characters, you mostly need them to help with the pronunciation.

Another thing to note is that sometimes you will also see the number 0 written as 〇. Most commonly used when writing years, for example the year 2025:

èr	líng	èr	wǔ	nián
二	〇	二	五	年
2	0	2	5	year

Read digit by digit, not as a single number, when reading a year.

2

VOCABULARY
IN CONTEXT

500 ESSENTIAL WORDS WITH EXAMPLES FOR NEW HSK LEVEL 1

1 爱 ài **Verb:** to love
 Noun: love

Verb wǒ hěn ài mā ma
我 很 **爱** 妈 妈。
I **love** mum very much.

Noun wǒ duì tā de ài hěn shēn
我 对 她 的 **爱** 很 深。
My **love** for her is very deep.

2 爱好 ài hào **Noun:** hobby

wǒ de ài hào shì qí chē
我 的 **爱 好** 是 骑 车。
My **hobby** is cycling.

3 八 bā **Number:** eight

tā yǒu bā gè ér zi
他 有 **八** 个 儿 子。
He has **eight** sons.

4 爸爸 bà ba **Noun:** dad

wǒ de bà ba wǔ shí suì le
我 的 **爸 爸** 五 十 岁 了。
My **dad** is 50 years old.

5 吧 ba **Auxiliary:** indicate a mild suggestion

wǒ men yì qǐ chī fàn ba
我 们 一 起 吃 饭 **吧**。
Let's eat together.

6 白 — bái

Adjective: white

wǒ xǐ huān bái yī fú
我 喜 欢 白 衣 服 。
I like **white** clothes.

7 白天 — bái tiān

Noun: daytime

wǒ bái tiān shàng bān
我 白 天 上 班 。
I go to work in the **daytime**.

8 百 — bǎi

Number: hundred

zhè shì yì bǎi yuán
这 是 一 百 元 。
This is one **hundred** yuan (CNY).

9 班 — bān

Noun: class; work

wǒ men bān yǒu shí gè rén
我 们 班 有 十 个 人 。
Our **class** has ten people.

wǒ jīn tiān bú shàng bān
我 今 天 不 上 班 。
I am not going to **work** today.

10 半 — bàn

Noun: half

wǒ chī le bàn gè píng guǒ
我 吃 了 半 个 苹 果 。
I ate **half** an apple.

11. 半年 — bàn nián — **Noun:** half a year

wǒ xué zhōng wén bàn nián le
我 学 中 文 **半 年** 了。
I have studied Chinese for **half a year**.

12. 半天 — bàn tiān — **Noun:** half a day

wǒ děng tā bàn tiān le
我 等 他 **半 天** 了。
I waited for him for **half a day**.

13. 帮 — bāng — **Verb:** to help

tā bāng wǒ zuò fàn
她 **帮** 我 做 饭。
She **helps** me to cook.

14. 帮忙 — bāng máng — **Verb:** to help / **Noun:** help

Verb

wǒ yào qǐng tā bāng máng
我 要 请 她 **帮 忙**。
I want to ask her **to help**.

Noun

xiè xie nǐ de bāng máng
谢 谢 你 的 **帮 忙**。
Thank you for your **help**.

15. 包 — bāo — **Noun:** bag / **Verb:** to wrap

Noun

wǒ mǎi le yí gè bāo
我 买 了 一 个 **包**。
I bought a **bag**.

Verb

wǒ yào bāo jiǎo zi
我 要 **包** 饺 子。
I want **to wrap** dumplings.

16 包子 — bāo zi — **Noun:** steamed bun

wǒ chī le liǎng gè bāo zi
我 吃 了 两 个 **包 子**。
I ate two **steamed buns**.

17 杯 — bēi — **Classifier:** a cup of

wǒ hē le yì bēi kā fēi
我 喝 了 一 **杯** 咖 啡。
I drank **a cup of** coffee.

18 杯子 — bēi zi — **Noun:** cup

zhuō shàng yǒu gè lán sè de bēi zi
桌 上 有 个 蓝 色 的 **杯 子**。
There is a blue **cup** on the table.

19 北 — běi — **Noun:** north

tā gào sù wǒ men xiàng běi zǒu
他 告 诉 我 们 向 **北** 走。
He told us to walk towards **north**.

20 北边 — běi bian — **Noun:** north side

cháng chéng zài zhōng guó de běi bian
长 城 在 中 国 的 **北 边**。
The Great Wall is on the **north side** of China.

21 北京 — běi jīng — **Noun:** Beijing city

běi jīng shì zhōng guó de shǒu dū
北 京 是 中 国 的 首 都。
Beijing is the capital of China.

22 本 — běn
Classifier: for books or volumes

wǒ mǎi le yì běn shū
我 买 了 一 **本** 书 。
I bought a book.

23 本子 — běn zi
Noun: notebook

zhè shì wǒ de xīn běn zi
这 是 我 的 新 **本 子** 。
This is my new **notebook**.

24 比 — bǐ
Verb: to compare

wǒ de gē ge bǐ wǒ gāo
我 的 哥 哥 **比** 我 高 。
My older brother is tall**er than** me.

25 别 — bié
Adverb: don't; not to

bié wàng le dài qián bāo
别 忘 了 带 钱 包 。
Don't forget to bring the wallet.

26 别的 — bié de
Noun: other

wǒ méi yǒu mǎi bié de bǐ
我 没 有 买 **别 的** 笔 。
I didn't buy **other** pens.

27 别人 — bié rén
Noun: other people

tā bú zài hu bié rén de gǎn shòu
他 不 在 乎 **别 人** 的 感 受 。
He doesn't care **other people**'s feelings.

28 病 — bìng

Verb: to get ill
Noun: illness

Verb
他 病 了, 在 家 休 息。
tā bìng le, zài jiā xiū xi
He **got ill**, and is resting at home.

Noun
他 的 病 好 了。
tā de bìng hǎo le
He (his **illness**) is recovered.

29 病人 — bìng rén

Noun: patient

最 近, 医 院 有 很 多 病 人。
zuì jìn, yī yuàn yǒu hěn duō bìng rén
Recently, the hospital has many **patients**.

30 不大 — bú dà

Adjective: not big
Adverb: not often

Adj.
我 的 房 间 不 大。
wǒ de fáng jiān bú dà
My room is **not big**.

Adv.
我 不 大 吃 鱼。
wǒ bú dà chī yú
I **don't often** eat fish.

31 不对 — bú duì

Adjective: wrong (not right)

你 这 样 做 不 对。
nǐ zhè yàng zuò bú duì
You are **not right** doing this (you shouldn't be doing this).

32 不客气 — bú kè qi

Phrase: you are welcome

他 对 我 说:" 不 客 气 "。
tā duì wǒ shuō: " bú kè qi "
He said to me: "**You're welcome**".

33 不用   bù yòng   **Adverb:** no need

今 晚 不 用 做 饭 。
jīn wǎn bù yòng zuò fàn
No need to cook tonight.

34 不   bù   **Adverb:** no; not

我 不 是 美 国 人 。
wǒ bù shì měi guó rén
I am **not** American.

35 菜   cài   **Noun:** dish

我 喜 欢 吃 中 国 菜 。
wǒ xǐ huān chī zhōng guó cài
I like eating Chinese **dishes**.

36 茶   chá   **Noun:** tea

我 天 天 喝 绿 茶 。
wǒ tiān tiān hē lǜ chá
I drink green **tea** every day.

37a 差   chà   **Verb:** less; short of

差 五 分 十 点 。
chà wǔ fēn shí diǎn
It's 5 minutes to (**short of**) 10.

37b 差   chā   **Adjective:** bad

他 的 作 业 不 差 。
tā de zuò yè bù chā
His homework is not **bad**.

38 常 — cháng
Adjective: ordinary

tā bú shì **cháng** rén
他 不 是 **常** 人。
He is not an **ordinary** person.

39 常常 — cháng cháng
Adverb: often

wǒ **cháng cháng** hē kā fēi
我 **常 常** 喝 咖 啡。
I **often** drink coffee.

40 唱 — chàng
Verb: to sing

nǐ huì **chàng** zhè shǒu gē ma
你 会 **唱** 这 首 歌 吗?
Can you **sing** this song?

41 唱歌 — chàng gē
Verb: to sing (song)

wǒ hěn xǐ huān **chàng gē**
我 很 喜 欢 **唱 歌**。
I like **singing** very much.

42 车 — chē
Noun: car; vehicle

wǒ yǒu yí liàng hēi sè de **chē**
我 有 一 辆 黑 色 的 **车**。
I have a black **car**.

43 车票 — chē piào
Noun: tickets (transport)

wǒ yào mǎi liǎng zhāng **chē piào**
我 要 买 两 张 **车 票**。
I want to buy 2 **tickets**.

44 车上   chē shàng   **Noun:** on the vehicle

车上有二十个人。
chē shàng yǒu èr shí gè rén

There are 20 people **on the bus**.

45 车站   chē zhàn   **Noun:** station

我在火车站等你。
wǒ zài huǒ chē zhàn děng nǐ

I am waiting for you at the **train station**.

46 吃   chī   **Verb:** to eat

我想吃一个苹果。
wǒ xiǎng chī yí gè píng guǒ

I want to **eat** an apple.

47 吃饭   chī fàn   **Verb:** to have a meal

我们晚上七点吃饭。
wǒ men wǎn shàng qī diǎn chī fàn

We will **have a meal** at 7pm.

48 出   chū   **Verb:** out

请拿出你的护照。
qǐng ná chū nǐ de hù zhào

Please take **out** your passport.

49 出来   chū lái   **Verb:** to come out

她从饭馆出来了。
tā cóng fàn guǎn chū lái le

She **came out** from the restaurant.

50 出去 — chū qù — **Verb:** to go out

今天下雨,我不想**出去**。
jīn tiān xià yǔ, wǒ bù xiǎng chū qù

It's raining today, I don't want to **go out**.

51 穿 — chuān — **Verb:** to wear

他常常**穿**白色的衬衫。
tā cháng cháng chuān bái sè de chèn shān

He often **wears** white shirts.

52 床 — chuáng — **Noun:** bed

我要买一张双人**床**。
wǒ yào mǎi yì zhāng shuāng rén chuáng

I want to buy a double **bed**.

53 次 — cì — **Classifier:** position in series

我去过中国两**次**。
wǒ qù guò zhōng guó liǎng cì

I've been to China two **times**.

54 从 — cóng — **Preposition:** from

我**从**香港坐飞机到北京。
wǒ cóng xiāng gǎng zuò fēi jī dào běi jīng

I took an airplane **from** Hong Kong to Beijing.

55 错 — cuò — **Adjective:** wrong

对不起,我记**错**时间了。
duì bu qǐ, wǒ jì cuò shí jiān le

Sorry, I remembered the time **wrong**.

56 打 — dǎ — **Verb:** to hit; to beat

tā zuó wǎn zài jiǔ ba bèi dǎ le
他 昨 晚 在 酒 吧 被 打 了 。
He got **beaten up** at the pub last night.

57 打车 — dǎ chē — **Verb:** to take a taxi

nǐ kě yǐ zài fēi jī chǎng dǎ chē
你 可 以 在 飞 机 场 打 车 。
You can **take a taxi** at the airport.

58 打电话 — dǎ diàn huà — **Verb:** to make a call

wǒ měi zhōu liù gěi mā ma dǎ diàn huà
我 每 周 六 给 妈 妈 打 电 话 。
I **call** mum every Saturday.

59 打开 — dǎ kāi — **Verb:** to open

qǐng bú yào dǎ kāi zhè gè bāo guǒ
请 不 要 打 开 这 个 包 裹 。
Please don't **open** this parcel.

60 打球 — dǎ qiú — **Verb:** to play ball

wǒ men qù cāo chǎng dǎ qiú hǎo ma
我 们 去 操 场 打 球 , 好 吗 ?
Let's go to the playground to **play ball**, OK?

61 大 — dà — **Adjective:** big

wǒ shū shu jiā de huā yuán hěn dà
我 叔 叔 家 的 花 园 很 大 。
The garden in my uncle's house is very **big**.

62 大学 — dà xué — **Noun:** university

这个**大学**很有名。
zhè gè dà xué hěn yǒu míng
This **university** is very famous.

63 大学生 — dà xué shēng — **Noun:** university student

我的姐姐是**大学生**。
wǒ de jiě jie shì dà xué shēng
My older sister is a **university student**.

64 到 — dào — **Verb:** to arrive

他昨天**到**上海。
tā zuó tiān dào shàng hǎi
He **arrived** in Shanghai yesterday.

65 得到 — dé dào — **Verb:** to obtain

我想**得到**爸爸的支持。
wǒ xiǎng dé dào bà ba de zhī chí
I want to **obtain** dad's support.

66 地 — de — adverbial particle (adj./adv. + 地 + verb)

他努力**地**学习中文。
tā nǔ lì de xué xí zhōng wén
He studies Chinese very hard.

67 的 — de — possessive particle (noun + 的)

我**的**狗很可爱。
wǒ de gǒu hěn kě ài
My dog is very cute.

68 等 — děng — **Verb:** to wait

wǒ liù diǎn zài shì zhōng xīn děng nǐ
我 六 点 在 市 中 心 **等** 你 。
I will **wait** for you in city centre at 6pm.

69 地 — dì — **Noun:** land

wǒ zài nóng cūn mǎi le yí kuài dì
我 在 农 村 买 了 一 块 **地** 。
I bought a piece of **land** in the countryside.

70 地点 — dì diǎn — **Noun:** location

qǐng wèn kāi huì dì diǎn zài nǎ
请 问 , 开 会 **地 点** 在 哪 ?
May I ask, where is the **location** for the meeting?

71 地方 — dì fang — **Noun:** place

zhè gè dì fang de rén men hěn yǒu hǎo
这 个 **地 方** 的 人 们 很 友 好 。
People in this **place** are very friendly.

72 地上 — dì shàng — **Noun:** ground

dì shàng yǒu wǔ zhī māo
地 上 有 五 只 猫 。
There are 5 cats on the **ground**.

73 地图 — dì tú — **Noun:** map

wǒ yào mǎi yì zhāng cháng chéng de dì tú
我 要 买 一 张 长 城 的 **地 图** 。
I want to buy a **map** of the Great Wall.

74 弟弟 — dì di
Noun: younger brother

我的 **弟弟** 是足球运动员。
wǒ de dì di shì zú qiú yùn dòng yuán
My **younger brother** is a football player.

75 第 — dì
Prefix: to form ordinal number

这是我 **第** 一次去中国。
zhè shì wǒ dì yī cì qù zhōng guó
This is my **first** time to go to China.

76 点 — diǎn
Noun: drop; point
Verb: to order

Noun
叶子上有雨 **点**。
yè zi shàng yǒu yǔ diǎn
There are rain**drops** on the leaves.

Verb
我要 **点** 中餐外卖。
wǒ yào diǎn zhōng cān wài mài
I want to **order** Chinese takeaway.

77 电 — diàn
Noun: electricity; battery

我的手机没 **电** 了。
wǒ de shǒu jī méi diàn le
My phone has run out of **battery**.

78 电话 — diàn huà
Noun: telephone

请问，你的 **电话** 号码是多少？
qǐng wèn nǐ de diàn huà hào mǎ shì duō shǎo
May I ask, what's your **telephone** number?

79 电脑   diàn nǎo   **Noun:** computer

wǒ mǎi le yì tái xīn diàn nǎo
我 买 了 一 台 新 **电 脑**。
I bought a new **computer**.

80 电视   diàn shì   **Noun:** TV (show)

wǒ měi tiān wǎn shàng bā diǎn kàn diàn shì
我 每 天 晚 上 八 点 看 **电 视**。
I watch **TV** every night at 8 o'clock.

81 电视机   diàn shì jī   **Noun:** TV set

wǒ jiā de diàn shì jī huài le
我 家 的 **电 视 机** 坏 了。
The **TV set** in my house is broken.

82 电影   diàn yǐng   **Noun:** movie

wǒ jīn wǎn huì gēn péng yǒu yì qǐ kàn diàn yǐng
我 今 晚 会 跟 朋 友 一 起 看 **电 影**。
I will watch a **movie** with my friends tonight.

83 电影院   diàn yǐng yuàn   **Noun:** cinema

shì zhōng xīn yǒu sān gè diàn yǐng yuàn
市 中 心 有 三 个 **电 影 院**。
There are three **cinemas** in the city center.

84 东   dōng   **Noun:** east

tā gào sù wǒ yào wǎng dōng zǒu
他 告 诉 我 要 往 **东** 走。
He told me to walk towards **east**.

85 东边 — dōng bian — **Noun:** east side

我 家 在 伦 敦 的 东 边 。
wǒ jiā zài lún dūn de dōng bian

My home is on the **east side** of London.

86 东西 — dōng xi — **Noun:** things; stuff

我 现 在 去 商 店 买 东 西 。
wǒ xiàn zài qù shāng diàn mǎi dōng xi

I am going to the shop to buy **things** now.

87 动 — dòng — **Verb:** to move

警 察 让 小 偷 别 动 。
jǐng chá ràng xiǎo tōu bié dòng

The policeman asked the thief not to **move**.

88 动作 — dòng zuò — **Noun:** move; action

请 教 我 做 这 个 动 作 。
qǐng jiāo wǒ zuò zhè gè dòng zuò

Please teach me to do this **move**.

89 都 — dōu — **Adverb:** both; all

我 们 都 非 常 喜 欢 狗 。
wǒ men dōu fēi cháng xǐ huān gǒu

We **both** like dogs very much.

90 读 — dú — **Verb:** to read

老 师 让 我 们 读 中 文 故 事 。
lǎo shī ràng wǒ men dú zhōng wén gù shì

The teacher asks us to **read** Chinese stories.

91 读书 — dú shū
Verb: to study; to attend school

tā dú shū hěn nǔ lì
他 读 书 很 努 力。
He **studies** very hard.

wǒ mèi mei jīn nián shí sān suì zài dú shū
我 妹 妹 今 年 十 三 岁, 在 读 书。
My younger sister is 13-year-old, and is **attending school**.

92 对 — duì
Adjective: correct
Preposition: regarding

Adj.
tā de huí dá hěn duì
他 的 回 答 很 对。
His answer is very **correct**.

Pre.
duì zhè jiàn shì wǒ men yǒu bù tóng de kàn fǎ
对 这 件 事, 我 们 有 不 同 的 看 法。
Regarding this matter, we have different views.

93 对不起 — duì bu qǐ
Phrase: sorry

wǒ jué de fēi cháng duì bu qǐ
我 觉 得 非 常 对 不 起。
I feel very **sorry**.

94 多 — duō
Adjective: many

wǒ mǎi le hěn duō píng guǒ
我 买 了 很 多 苹 果。
I bought **many** apples.

95 多少 — duō shǎo
Pronoun: how much; how many

zhè tái diàn nǎo duō shǎo qián
这 台 电 脑 多 少 钱?
How much (money) is this computer?

nǐ men gōng sī yǒu duō shǎo rén
你们公司有**多少**人？
How many people does your company have?

96 饿 è — Adjective: hungry

wǒ jué de hěn è, xiǎng chī fàn
我觉得很**饿**，想吃饭。
I feel very **hungry** and want to eat.

97 儿子 ér zi — Noun: son

tā ér zi zài shàng dà xué
他**儿子**在上大学。
His **son** is attending university.

98 二 èr — Number: two; second

wǒ men zhù zài èr lóu
我们住在**二**楼。
We live on the **second** floor.

99 饭 fàn — Noun: meal; cooked rice

wǒ yào dài nǚ péng yǒu qù chī fàn
我要带女朋友去吃**饭**。
I want to bring my girlfriend to have a **meal**.

wǒ men dōu hěn xǐ huān chī mǐ fàn
我们都很喜欢吃米**饭**。
We all like to eat **rice**.

100 饭店 fàn diàn — Noun: restaurant; hotel

wǒ nán péng yǒu zài fàn diàn děng wǒ
我男朋友在**饭店**等我。
My boyfriend is waiting for me at the **restaurant**.

101 房间   fáng jiān   **Noun:** room

我父母家有五个**房间**。
wǒ fù mǔ jiā yǒu wǔ gè **fáng jiān**

My parents' house has five **rooms**.

102 房子   fáng zi   **Noun:** house

我去年买了一套新**房子**。
wǒ qù nián mǎi le yí tào xīn **fáng zi**

I bought a new **house** last year.

103 放   fàng   **Verb:** to release

我们不能**放**这个小偷。
wǒ men bù néng **fàng** zhè ge xiǎo tōu

We cannot **release** this thief.

104 放假   fàng jià   **Verb:** to have holiday

在圣诞节，我们会**放假**三天。
zài shèng dàn jié, wǒ men huì **fàng jià** sān tiān

On Christmas, we will **have** a three-day **holiday**.

105 放学   fàng xué   **Verb:** to finish school

我们下午三点半**放学**。
wǒ men xià wǔ sān diǎn bàn **fàng xué**

We **finish school** at 3:30 in the afternoon.

106 飞   fēi   **Verb:** to fly

小鸟们在天上**飞**。
xiǎo niǎo men zài tiān shàng **fēi**

Birds are **flying** in the sky.

107 飞机 — fēi jī — **Noun:** airplane

我 会 晚上 八 点 上 飞机。
wǒ huì wǎn shàng bā diǎn shàng fēi jī

I will board the **airplane** at 8 o'clock in the evening.

108 非常 — fēi cháng — **Adverb:** extremely

这 个 女 生 非 常 漂 亮。
zhè gè nǚ shēng fēi cháng piào liàng

This girl is **extremely** beautiful.

109 分 — fēn — **Noun:** minutes / **Verb:** to divide

Noun
现 在 是 九 点 零 五 分。
xiàn zài shì jiǔ diǎn líng wǔ fēn

Now the time is five **minutes** past nine (9:05).

Verb
她 在 给 我 们 分 蛋 糕。
tā zài gěi wǒ men fēn dàn gāo

She is **dividing** the cake for us.

110 风 — fēng — **Noun:** wind

昨 天 海 边 刮 大 风。
zuó tiān hǎi biān guā dà fēng

Yesterday there was big **wind** at the seaside.

111 干 — gān — **Adjective:** dry

最 近, 天 气 很 干。
zuì jìn tiān qì hěn gān

Recently, the weather has been very **dry**.

112 干净   gān jìng   **Adjective:** clean

他们的客厅很干净。
tā men de kè tīng hěn gān jìng
Their living room is very **clean**.

113 干   gàn   **Verb:** to do (colloquial)

你在干吗?
nǐ zài gàn ma
What are you **doing**?

114 干什么   gàn shén me   **Phrase:** up to what (colloquial)

你们想干什么?
nǐ men xiǎng gàn shén me
What are you guys **up to**?

115 高   gāo   **Adjective:** high; tall

这座教堂很高。
zhè zuò jiào táng hěn gāo
This church is very **tall**.

116 高兴   gāo xìng   **Adjective:** happy

今天是我的生日,我很高兴。
jīn tiān shì wǒ de shēng rì, wǒ hěn gāo xìng
Today is my birthday, I am very **happy**.

117 告诉   gào sù   **Verb:** to tell

他告诉了我一个好消息。
tā gào sù le wǒ yí gè hǎo xiāo xi
He **told** me a good news.

118 哥哥 — gē ge — **Noun:** older brother

wǒ de gē ge shì yì míng fēi xíng yuán
我 的 哥哥 是 一 名 飞 行 员 。
My **older brother** is a pilot.

119 歌 — gē — **Noun:** song

wǒ xǐ huān tīng liú xíng gē
我 喜 欢 听 流 行 歌 。
I like listening to pop **songs**.

120 个 — gè — **Classifier:** a; an

wǒ zuò le yí gè píng guǒ bǐng
我 做 了 一 个 苹 果 饼 。
I made **an** apple pie.

121 给 — gěi — **Verb:** to give

qǐng gěi wǒ yì bēi shuǐ
请 给 我 一 杯 水 。
Please **give** me a cup of water.

122 跟 — gēn — **Verb:** with

wǒ huì gēn péng yǒu qù fǎ guó lǚ yóu
我 会 跟 朋 友 去 法 国 旅 游 。
I will travel to France **with** my friend.

123 工人 — gōng rén — **Noun:** worker

zhè jiā gōng chǎng yǒu liǎng bǎi gè gōng rén
这 家 工 厂 有 两 百 个 工 人 。
This factory has two hundred **workers**.

124 工作 — gōng zuò
Verb: to work
Noun: job

Verb
他 在 纽 约 工 作 。
tā zài niǔ yuē gōng zuò
He **works** in New York.

Noun
可 是 , 他 不 喜 欢 他 的 工 作 。
kě shì tā bù xǐ huān tā de gōng zuò
But, he doesn't like his **job**.

125 关 — guān
Verb: to shut; to turn off

飞 机 要 起 飞 了 , 请 关 手 机 。
fēi jī yào qǐ fēi le qǐng guān shǒu jī
The plane is about to take off, please **turn off** your phone.

126 关上 — guān shàng
Verb: to close

请 你 关 上 门 。
qǐng nǐ guān shàng mén
Please **close** the door.

127 贵 — guì
Adjective: expensive

最 新 的 苹 果 手 机 很 贵 。
zuì xīn de píng guǒ shǒu jī hěn guì
The latest iPhone (apple phone) is very **expensive**.

128 国 — guó
Noun: country

我 去 过 中 国 、 英 国 和 美 国 。
wǒ qù guò zhōng guó yīng guó hé měi guó
I've been to China, the UK and the US.

129 国家 — guó jiā
Noun: nation; homeland

wǒ hěn ài wǒ de guó jiā
我 很 爱 我 的 **国家** 。
I love my **homeland** very much.

130 国外 — guó wài
Noun: overseas; abroad

wǒ de ā yí zhù zài guó wài
我 的 阿 姨 住 在 **国外** 。
My aunt lives **abroad**.

131 过 — guò
Verb: to cross; to have

wǒ yào guò mǎ lù
我 要 **过** 马 路 。
I want to **cross** the road.

wǒ men zài èr yuè fèn guò chūn jié le
我 们 在 二 月 份 **过** 春 节 了 。
We **had** the Spring Festival in February.

132 还 — hái
Adverb: also

wǒ yào qù zhōng guó, hái yào qù rì běn
我 要 去 中 国 , **还** 要 去 日 本 。
I want to go to China, **also** want to go to Japan.

133 还是 — hái shì
Conjuction: or (for questions)
Adverb: still

Conj.
nǐ yào hē kā fēi, hái shì yào hē chá
你 要 喝 咖 啡 , **还是** 要 喝 茶 ?
You want to drink coffee **or** tea?

Adv.
tā hái shì bù zhī dào wǒ ài tā
她 **还是** 不 知 道 我 爱 她 。
She **still** doesn't know that I love her.

134 还有 hái yǒu — **Adverb:** also; additionally

我 有 一 个 哥 哥，还 有 两 个 弟 弟。
wǒ yǒu yí gè gē ge hái yǒu liǎng gè dì di
I have one older brother, **also** two younger brothers.

135 孩子 hái zi — **Noun:** child; children

我 送 孩 子 去 幼 儿 园。
wǒ sòng hái zi qù yòu ér yuán
I am sending my **child** to nursery.

136 汉语 hàn yǔ — **Noun:** Mandarin

我 会 说 汉 语 和 英 语。
wǒ huì shuō hàn yǔ hé yīng yǔ
I can speak **Mandarin** and English.

137 汉字 hàn zì — **Noun:** Chinese characters

老 师 让 我 练 习 写 汉 字。
lǎo shī ràng wǒ liàn xí xiě hàn zì
Teacher asked me to practice writing **Chinese characters**.

138 好 hǎo — **Adjective:** good; OK

他 们 都 是 我 的 好 朋 友。
tā men dōu shì wǒ de hǎo péng yǒu
They are all my **good** friends.

我 们 一 起 去 吃 晚 饭，好 吗？
wǒ men yì qǐ qù chī wǎn fàn hǎo ma
Let's go to have dinner together, **OK**?

139 好吃 hǎo chī — **Adjective:** delicious

妈妈做的饭菜很**好吃**。
mā ma zuò de fàn cài hěn hǎo chī
The food my mum cooks is very **delicious**.

140 好看 hǎo kàn — **Adjective:** good-looking

这个小伙子长得很**好看**。
zhè gè xiǎo huǒ zi zhǎng de hěn hǎo kàn
This young man is very **good-looking**.

141 好听 hǎo tīng — **Adjective:** pleasant to hear

这首中文歌很**好听**。
zhè shǒu zhōng wén gē hěn hǎo tīng
This Chinese song is very **pleasant (to hear)**.

142 好玩 hǎo wán — **Adjective:** fun

打网球很**好玩**。
dǎ wǎng qiú hěn hǎo wán
Playing tennis is very **fun**.

143 号 hào — ordinal

我的生日是一九九五年十月一**号**。
wǒ de shēng rì shì yī jiǔ jiǔ wǔ nián shí yuè yī hào
My birthday was October 1**st**, 1995.

144 喝 hē — **Verb:** to drink

他最喜欢**喝**红茶。
tā zuì xǐ huān hē hóng chá
He likes **drinking** red tea the most.

145 和   hé   **Conjuction:** and; with

爸爸**和**我明天一起去茶馆。
Dad **and** I will go to the tea house tomorrow together.

146 很   hěn   **Adverb:** very

她**很**漂亮，也**很**聪明。
She is **very** beautiful, and **very** smart.

147 后   hòu   **Noun:** after

他们结婚**后**，就一起住在北京。
After they married, they lived in Beijing together.

148 后边   hòu bian   **Noun:** behind

这座山的**后边**是大海。
Behind this mountain is the sea.

149 后天   hòu tiān   **Noun:** the day after tomorrow

后天我们会去爬山。
We will go to climb the mountain **the day after tomorrow**.

150 花 huā
Noun: flower
Verb: to spend

Noun
chūn tiān de shí hòu, hěn duō huā kāi le
春 天 的 时 候，很 多 花 开 了 。
In spring, many **flowers** bloom.

Verb
tā huā le hěn duō qián xué huá xuě
他 花 了 很 多 钱 学 滑 雪 。
He **spent** lots of money to learn to ski.

151 话 huà
Noun: words; talk

tā de huà ràng wǒ jué de hěn gāo xìng
他 的 话 让 我 觉 得 很 高 兴 。
His **words** make me feel very happy.

152 坏 huài
Adjective: broken; bad

wǒ de shǒu jī huài le
我 的 手 机 坏 了 。
My phone is **broken**.

xiǎo xīn, tā kě néng shì huài rén
小 心，他 可 能 是 坏 人 。
Be careful, he might be a **bad** man.

153 还 hái
Adverb: yet; still

wǒ men hái méi yǒu kāi shǐ yuē huì
我 们 还 没 有 开 始 约 会 。
We haven't started to date **yet**.

154 回 huí
Verb: to return to

tā men xià gè yuè huí měi guó
他 们 下 个 月 回 美 国 。
They will **return to** the US next month.

155 回答   huí dá   **Verb:** to answer

请你**回答**我们的问题。
_{qǐng nǐ huí dá wǒ men de wèn tí}

Please **answer** our questions.

156 回到   huí dào   **Verb:** to return to

我刚刚**回到**上海。
_{wǒ gāng gāng huí dào shàng hǎi}

I've just **returned to** Shanghai.

157 回家   huí jiā   **Verb:** to go home

妈妈打电话让我**回家**。
_{mā ma dǎ diàn huà ràng wǒ huí jiā}

Mum called to ask me to **go home**.

158 回来   huí lái   **Verb:** to come back

外面在下雨,你快**回来**。
_{wài miàn zài xià yǔ nǐ kuài huí lái}

It's raining outside, **come back** quickly.

159 回去   huí qù   **Verb:** to go back

太晚了,我得**回去**。
_{tài wǎn le wǒ děi huí qù}

It's too late, I need to **go back**.

160 会   huì   **Verb:** can; will

我**会**开车。
_{wǒ huì kāi chē}

I **can** (know how to) drive.

wǒ míng tiān huì qù lún dūn
我 明 天 **会** 去 伦 敦 。
I **will** (plan to) go to London tomorrow.

161 火车   huǒ chē   **Noun:** train

wǒ men yào zuò huǒ chē qù jiā xiāng
我 们 要 坐 **火 车** 去 家 乡 。
We are going to hometown by **train**.

162 机场   jī chǎng   **Noun:** airport

bà ba huì kāi chē dào jī chǎng jiē wǒ
爸 爸 会 开 车 到 **机 场** 接 我 。
Dad will drive car to the **airport** to pick me up.

163 机票   jī piào   **Noun:** plane ticket

nín hǎo wǒ yào mǎi yì zhāng qù xiāng gǎng de jī piào
您 好 ! 我 要 买 一 张 去 香 港 的 **机 票** 。
Hello! I want to buy a **plane ticket** to Hong Kong.

164 鸡蛋   jī dàn   **Noun:** egg

wǒ mǎi le yì xiē jī dàn
我 买 了 一 些 **鸡 蛋** 。
I bought some **eggs**.

165 几   jǐ   a few; how many

chú fáng yǒu jǐ gè xiāng jiāo
厨 房 有 **几** 个 香 蕉 。
There are **a few** bananas in the kitchen

nǐ jiā yǒu jǐ gè rén
你 家 有 **几** 个 人 ?
How many people are there in your family?

166 记 — jì — **Verb:** to take; to record

上课的时候，我会记笔记。
shàng kè de shí hòu, wǒ huì jì bǐ jì
During class, I will **take** notes.

167 记得 — jì de — **Verb:** to remember

我不记得她多少岁。
wǒ bù jì de tā duō shǎo suì
I don't **remember** how old she is.

168 记住 — jì zhù — **Verb:** to remember (learn)

我要记住这个生词。
wǒ yào jì zhù zhè gè shēng cí
I need to **remember** this new word.

169 家 — jiā — **Noun:** home

我每年圣诞节回家。
wǒ měi nián shèng dàn jié huí jiā
I go **home** every year on Christmas.

170 家里 — jiā lǐ — **Noun:** home (inside)

爷爷和奶奶不在家里。
yé ye hé nǎi nai bú zài jiā lǐ
Grandpa and grandma (paternal) are not at **home**.

171 家人 — jiā rén — **Noun:** family (member)

我的狗也是我的家人。
wǒ de gǒu yě shì wǒ de jiā rén
My dog is also my **family (member)**.

172 间 jiān — **Classifier:** for rooms

公司有二十间办公室。
gōng sī yǒu èr shí jiān bàn gōng shì
The company has 20 offices.

173 见 jiàn — **Verb:** to see

我不想见他。
wǒ bù xiǎng jiàn tā
I dont want to **see** him.

174 见面 jiàn miàn — **Verb:** to meet (up)

我们可以在咖啡馆见面。
wǒ men kě yǐ zài kā fēi guǎn jiàn miàn
We can **meet up** at the coffee shop.

175 教 jiāo — **Verb:** to teach; to show

妈妈教我做蛋糕。
mā ma jiāo wǒ zuò dàn gāo
Mum **taught** me to make cakes.

176 叫 jiào — **Verb:** to call; to scream

你可以叫我"大为"。
nǐ kě yǐ jiào wǒ "dà wéi"
You can **call** me "Dawei".

我听到孩子在叫。
wǒ tīng dào hái zi zài jiào
I heard the child **screaming**.

177 教学楼 — jiào xué lóu — **Noun:** teaching building

老师们在**教学楼**开会。
lǎo shī men zài jiào xué lóu kāi huì
Teachers are having meetings in the **teaching building**.

178 姐姐 — jiě jie — **Noun:** older sister

我**姐姐**是一位律师。
wǒ jiě jie shì yí wèi lǜ shī
My **older sister** is a lawyer.

179 介绍 — jiè shào — **Verb:** to introduce

我**介绍**一下,这是我们的总经理。
wǒ jiè shào yí xià zhè shì wǒ men de zǒng jīng lǐ
Let me **introduce** a bit, this is our general manager.

180 今年 — jīn nián — **Noun:** this year

我**今年**要去中国旅游。
wǒ jīn nián yào qù zhōng guó lǚ yóu
I am going to travel to China **this year**.

181 今天 — jīn tiān — **Noun:** today

今天是我太太的生日。
jīn tiān shì wǒ tài tai de shēng rì
Today is my wife's birthday.

182 进 — jìn — **Verb:** to enter

我的猫不可以**进**厨房。
wǒ de māo bù kě yǐ jìn chú fáng
My cat cannot **enter** the kitchen

183 进来   jìn lái   **Verb:** to come in

xià yǔ le, nǐ men kuài diǎn jìn lái
下 雨 了 ，你 们 快 点 **进 来** 。
It's raining, **come in** quickly.

184 进去   jìn qù   **Verb:** to go in

zhè shì zǒng tǒng bàn gōng shì, wǒ men bù néng jìn qù
这 是 总 统 办 公 室 ，我 们 不 能 **进 去** 。
This is the president's office, we cannot **go in**.

185 九   jiǔ   **Number:** nine

wǒ qù chāo shì mǎi le jiǔ gè jī dàn
我 去 超 市 买 了 **九** 个 鸡 蛋 。
I went to the supermarket and bought **9** eggs.

186 就   jiù   **Adverb:** used to place emphasis

wǒ jiù (shì) bù zhī dào
我 **就** （ 是 ） 不 知 道 。
I **just** don't know.

187 觉得   jué de   **Verb:** to think; to feel

wǒ jué de dù zi bù shū fu
我 **觉 得** 肚 子 不 舒 服 。
I **feel** my stomach is uncomfortable.

188 开   kāi   **Verb:** to open

nín hǎo, qǐng kāi mén
您 好 ！请 **开** 门 。
Hello! Please **open** the door.

189 开车   kāi chē   **Verb:** to drive

我 常 常 **开 车** 去 巴 黎 。
wǒ cháng cháng kāi chē qù bā lí

I often **drive** to Paris.

190 开会   kāi huì   **Verb:** to have meeting

我 觉 得 **开 会** 很 无 聊 。
wǒ jué de kāi huì hěn wú liáo

I think **having meetings** is very boring.

191 开玩笑   kāi wán xiào   **Verb:** to make jokes

他 很 幽 默 , 常 常 **开 玩 笑** 。
tā hěn yōu mò cháng cháng kāi wán xiào

He is very humorous and often **makes jokes**.

192 看   kàn   **Verb:** to see; to visit

我 要 回 家 乡 **看** 妈 妈 。
wǒ yào huí jiā xiāng kàn mā ma

I am going back to hometown **to visit** my mum.

193 看病   kàn bìng   **Verb:** to see doctor

我 会 陪 她 去 医 院 **看 病** 。
wǒ huì péi tā qù yī yuàn kàn bìng

I will accompany her to the hospital to **see a doctor**.

194 看到   kàn dào   **Verb:** to have seen; to have spotted

我 在 河 里 **看 到** 一 只 天 鹅 。
wǒ zài hé lǐ kàn dào yì zhī tiān é

I've **spotted** a swan in the river.

195 看见   kàn jiàn   **Verb:** to see; to view

她 的 眼 睛 恢 复 了 , 能 看 见 了 。
tā de yǎn jīng huī fù le, néng kàn jiàn le
Her eyes are recovered, and could **see**.

196 考   kǎo   **Verb:** to test

老 师 打 算 考 一 下 我 。
lǎo shī dǎ suàn kǎo yí xià wǒ
The teacher plans to **test** me a bit.

197 考试   kǎo shì   **Noun:** exam
Verb: to take exam

Noun
我 最 恨 考 试 。
wǒ zuì hèn kǎo shì
I hate **exams** the most.

Verb
我 下 周 二 要 考 试 。
wǒ xià zhōu èr yào kǎo shì
I will **take an exam** next Tuesday.

198 喝   hē   **Verb:** to drink

我 觉 得 很 渴 , 想 喝 水 。
wǒ jué de hěn kě, xiǎng hē shuǐ
I feel very thirsty, and want to **drink** water.

199 课   kè   **Noun:** lesson; class

我 很 喜 欢 历 史 课 。
wǒ hěn xǐ huān lì shǐ kè
I like history **lessons** very much.

200 课本   kè běn   **Noun:** textbook

zhè běn zhōng wén kè běn hěn shí yòng
这 本 中 文 **课本** 很 实 用 。
This Chinese **textbook** is very practical.

201 课文   kè wén   **Noun:** lesson text

lǎo shī ràng wǒ fù xí kè wén
老 师 让 我 复 习 **课 文** 。
The teacher asked me to review the **lesson text**.

202 口   kǒu   **Noun:** mouth; opening area

qǐng nǐ zhāng kǒu
请 你 张 **口** 。
Please open your **mouth**.

qǐng wèn, dì tiě zhàn de rù kǒu zài nǎ
请 问 ， 地 铁 站 的 入 **口** 在 哪 ？
Excuse me, where is the **entrance** of the subway station?

203 块   kuài   **Classifier:** slice; piece

wǒ chī le jǐ kuài dàn gāo
我 吃 了 几 **块** 蛋 糕 。
I ate a few **slices** of cake.

204 快   kuài   **Adjective:** soon; fast

tā de fēi jī kuài dào le ma
他 的 飞 机 **快** 到 了 吗 ？
Is his plane arriving **soon**?

zhè gè yùn dòng yuán pǎo de hěn kuài
这 个 运 动 员 跑 得 很 **快** 。
The athlete runs very **fast**.

205 来 — lái
Verb: to come

您好！我 **来** 面试。
Hello! I **come** for the interview.

206 来到 — lái dào
Verb: to have arrived

春天终于 **来到** 了！
Spring has finally **arrived**!

207 老 — lǎo
Adjective: old

我的父母已经 **老** 了。
My parents are already **old**.

208 老人 — lǎo rén
Noun: old person; elderly

请给 **老人** 让座。
Please give your seats to the **elderly**.

209 老师 — lǎo shī
Noun: teacher

我们学校有一百个 **老师**。
Our school has one hundred **teachers**.

210 了 — le
to indicate completion of an action

他和女朋友分手 **了**。
He broke up with his girlfriend.

211 累 — lèi — **Adjective:** tired

我 工作 了 一 天 ， 觉 得 很 累 。
wǒ gōng zuò le yì tiān, jué de hěn lèi

I worked for a day, and feel very **tired**.

212 冷 — lěng — **Adjective:** cold

下 雪 的 时 候 ， 我 觉 得 很 冷 。
xià xuě de shí hòu, wǒ jué de hěn lěng

When it snows, I feel very **cold**.

213 里 — lǐ — **Noun:** in; inside

她 在 厨 房 里 做 饭 。
tā zài chú fáng lǐ zuò fàn

She is cooking **in** the kitchen

214 里边 — lǐ bian — **Noun:** inside

我 的 书 在 柜 子 里 边 。
wǒ de shū zài guì zi lǐ bian

My book is **inside** the cabinet.

215 两 — liǎng — **Number:** two

我 早 上 吃 了 两 个 橘 子 。
wǒ zǎo shàng chī le liǎng gè jú zi

I ate **two** oranges in the morning.

216 零 — líng — **Number:** zero

二 零 二 零 年 发 生 了 新 冠 疫 情 。
èr líng èr líng nián fā shēng le xīn guàn yì qíng

In **2020**, the coronavirus pandemic happened.

217 六 liù
Number: six

wǒ de gōng sī yǒu liù gè bù mén
我 的 公 司 有 六 个 部 门 。
My company has **six** departments.

218 楼 lóu
Noun: floor; building

wǒ de péng yǒu zhù zài èr lóu
我 的 朋 友 住 在 二 楼 。
My friend lives on the second **floor**.

zhè shì gōng sī de bàn gōng lóu
这 是 公 司 的 办 公 楼 。
This is the company's office **building**.

219 楼上 lóu shàng
Noun: upstairs

wǒ de lín jū zhù zài lóu shàng
我 的 邻 居 住 在 楼 上 。
My neighbour lives **upstairs**.

220 楼下 lóu xià
Noun: downstairs

lóu xià yǒu gè shāng diàn
楼 下 有 个 商 店 。
There is a shop **downstairs**.

221 路 lù
Noun: road

zhè tiáo lù zài shī gōng
这 条 路 在 施 工 。
This **road** is under construction.

222 路口   lù kǒu   **Noun:** intersection

duì bu qǐ, **lù kǒu** bù néng tíng chē
对不起，**路口**不能停车。
Sorry, you cannot park at the **intersection**.

223 路上   lù shàng   **Noun:** on the road

wǒ cháng cháng zài zhè tiáo **lù shàng** qí chē
我常常在这条**路上**骑车。
I often cycle **on** this **road**.

224 妈妈   mā ma   **Noun:** mother

wǒ **mā ma** shì kuài jì
我**妈妈**是会计。
My **mother** is an accountant.

225 马路   mǎ lù   **Noun:** pedestrian crossing

lǜ dēng liàng le, wǒ men guò **mǎ lù** ba
绿灯亮了，我们过**马路**吧。
The green light is on, let's cross the **road (pedestrian crossing)**.

226 马上   mǎ shàng   **Adverb:** immediately

bié dān xīn, wǒ **mǎ shàng** kāi chē qù nǐ jiā
别担心，我**马上**开车去你家。
Don't worry, I will drive to your home **immediately**.

227 吗   ma   indicate a question

nǐ kě yǐ bāng wǒ **ma**
你可以帮我**吗**？
Can you help me?

228 买 — mǎi
Verb: to buy

我 要 去 超 市 买 一 瓶 红 酒 。
wǒ yào qù chāo shì mǎi yì píng hóng jiǔ

I am going to the supermarket **to buy** a bottle of red wine.

229 慢 — màn
Adjective: slow

在 星 期 一 ，时 间 过 得 很 慢 。
zài xīng qī yī shí jiān guò de hěn màn

On Mondays, time passes very **slow**.

230 忙 — máng
Adjective: busy

我 这 个 月 太 忙 了 。
wǒ zhè gè yuè tài máng le

I am too **busy** this month.

231 毛 — máo
Noun: fur; hair (animals)

这 条 狗 的 毛 很 白 ！
zhè tiáo gǒu de máo hěn bái

This dog's **fur** is very white!

232 没 — méi
Verb: not

我 没 去 过 法 国 。
wǒ méi qù guò fǎ guó

I have **not** been to France.

233 没关系 — méi guān xi
Phrase: never mind; it's okay

没 关 系 ，你 不 用 道 歉 。
méi guān xi nǐ bú yòng dào qiàn

It's okay, you don't need to apologize.

234 没什么   méi shén me   **Phrase:** It's nothing

没什么 该 担 心 的。
(méi shén me gāi dān xīn de)
There is nothing to worry about.

235 没事儿   méi shì 'r   **Phrase:** It's fine

别 担 心，没 事 儿。
(bié dān xīn, méi shì'r)
Don't worry, **it's fine**.

236 没有   méi yǒu   **Verb:** to not have

他 有 弟 弟，没 有 哥 哥。
(tā yǒu dì di, méi yǒu gē ge)
He has a younger brother, but **doesn't have** an older brother.

237 妹妹   mèi mei   **Noun:** younger sister

我 妹 妹 是 大 学 生。
(wǒ mèi mei shì dà xué shēng)
My **younger sister** is a university student.

238 门   mén   **Noun:** door

我 家 房 子 有 前 门，也 有 后 门。
(wǒ jiā fáng zi yǒu qián mén, yě yǒu hòu mén)
My house has a front **door** and a back **door**.

239 门口   mén kǒu   **Noun:** door way

他 在 门 口 抽 烟。
(tā zài mén kǒu chōu yān)
He is smoking at the **door way**.

240 门票   mén piào   **Noun:** entrance ticket

我要买两张门票。
I want to buy two **tickets**.

241 们   men   indicate plural (personal pronouns)

我们要去中国旅游。
We are going to travel to China.

242 米饭   mǐ fàn   **Noun:** cooked rice

服务员,请给我一碗米饭。
Waitetress, please give me a bowl of **rice**.

243 面包   miàn bāo   **Noun:** bread

我吃了几块面包。
I ate a few pieces of **bread**.

244 面条   miàn tiáo   **Noun:** noodle

我很喜欢吃意大利面条。
I like eating Italian **noodles**.

245 名字   míng zì   **Noun:** name

我的中文名字是大为。
My Chinese name is Dawei!

246 明白   míng bái   **Verb:** to understand

对不起，我不**明白**你的话。
duì bu qǐ, wǒ bù míng bái nǐ de huà.
Sorry, I don't **understand** what you said.

247 明年   míng nián   **Noun:** next year

我**明年**要去德国留学。
wǒ míng nián yào qù dé guó liú xué.
I am going to study in Germany **next year**.

248 明天   míng tiān   **Noun:** tomorrow

我**明天**要去参加婚礼。
wǒ míng tiān yào qù cān jiā hūn lǐ.
I am going to attend a wedding **tomorrow**.

249 拿   ná   **Verb:** to hold; to take

你可以帮我**拿**一下包吗？
nǐ kě yǐ bāng wǒ ná yí xià bāo ma?
Could you help me to **hold** my bag?

250 哪   nǎ   **Interrogative:** which

你是**哪**国人？
nǐ shì nǎ guó rén?
Which country are you from?

251 哪里   nǎ lǐ   **Pronoun:** where

你知道酒店在**哪里**吗？
nǐ zhī dào jiǔ diàn zài nǎ lǐ ma?
Do you know **where** the hotel is?

252 哪儿 — nǎ'er — **Pronoun:** where

你住在哪儿？
nǐ zhù zài nǎ ér
Where do you live?

253 哪些 — nǎ xiē — **Pronoun:** which ones

请问，哪些是你的文件？
qǐng wèn, nǎ xiē shì nǐ de wén jiàn
Excuse me, **which ones** are your files?

254 那 — nà — **Pronoun:** that

那是我们部门的经理。
nà shì wǒ men bù mén de jīng lǐ
That is the manager of our department.

255 那边 — nà bian — **Noun:** over there

我们可以在那边停车。
wǒ men kě yǐ zài nà bian tíng chē
We can park the car **over there**.

256 那里 — nà lǐ — **Pronoun:** that place

我想去那里散步。
wǒ xiǎng qù nà lǐ sàn bù
I want to go to **that place** for a walk.

257 那儿 — nà'er — **Pronoun:** there

我每天都去那儿遛狗。
wǒ měi tiān dōu qù nà er liù gǒu
I go **there** every day to walk dogs.

258 那些 — nà xiē — **Pronoun:** those

那些 是 你 的 同事 吗？
nà xiē shì nǐ de tóng shì ma
Are **those** your colleagues?

259 奶 — nǎi — **Noun:** milk

我 每 天 早 上 都 喝 牛 奶 。
wǒ měi tiān zǎo shàng dōu hē niú nǎi
I always drink (cow) **milk** every morning.

260 奶奶 — nǎi nai — **Noun:** paternal grandma

我 的 奶 奶 今 年 九 十 岁 了 。
wǒ de nǎi nai jīn nián jiǔ shí suì le
My **grandma** is ninety years old this year.

261 男 — nán — **Adjective:** male; man

请 问 ，男 厕 所 在 哪 ？
qǐng wèn nán cè suǒ zài nǎ
Excuse me, where is the **men**'s toilet?

262 男孩 — nán hái — **Noun:** boy

这 个 男 孩 多 大 了 ？
zhè gè nán hái duō dà le
How old is this **boy**?

263 男朋友 — nán péng yǒu — **Noun:** boyfriend

我 和 我 的 男 朋 友 交 往 三 年 了 。
wǒ hé wǒ de nán péng yǒu jiāo wǎng sān nián le
My **boyfriend** and I have been dating for three years.

264 男人 — nán rén — **Noun:** man (adult)

xiǎo tōu shì gè zhōng nián **nán rén**
小 偷 是 个 中 年 **男 人**。
The thief is a middle-aged **man**.

265 男生 — nán shēng — **Noun:** young man; guy

zhè xiē **nán shēng** zài zhè lǐ shàng dà xué
这 些 **男 生** 在 这 里 上 大 学。
These **guys** are attending university here.

266 南 — nán — **Noun:** south; southern

wǒ de fáng zi xiàng **nán**
我 的 房 子 向 **南**。
My house faces **south**.

267 南边 — nán bian — **Noun:** south side

huā yuán zài fáng zi de **nán bian**
花 园 在 房 子 的 **南 边**。
The garden is on the **south side** of the house.

268 难 — nán — **Adjective:** difficult

wǒ jué de xué zhōng wén bù **nán**
我 觉 得 学 中 文 不 **难**。
I think learning Chinese is not **difficult**.

269 呢 — ne — indicate question "what about"

wǒ shì fǎ guó rén nǐ **ne**
我 是 法 国 人, 你 **呢**?
I am French, **what about** you?

270 能 néng — **Verb:** can; to able to

duì bu qǐ, wǒ míng tiān bù néng hé nǐ qù kàn diàn yǐng
对 不 起，我 明 天 不 能 和 你 去 看 电 影。
Sorry, I **can**not go to see the movie with you tomorrow.

271 你 nǐ — **Noun:** you (singular)

qǐng wèn, nǐ zài nǎ ge bù mén gōng zuò?
请 问，你 在 哪 个 部 门 工 作？
May I ask, which department do **you** work in?

272 你们 nǐ men — **Noun:** you (plural)

nǐ men xiǎng qù jiǔ ba ma?
你 们 想 去 酒 吧 吗？
Do **you** (plural) want to go to the pub?

273 年 nián — **Noun:** year

tā men jié hūn shí nián le
他 们 结 婚 十 年 了。
They have been married for ten **years**.

274 您 nín — **Noun:** you (courteous)

qǐng wèn, nín xū yào bāng zhù ma?
请 问，您 需 要 帮 助 吗？
Excuse me, do **you** need help?

275 牛奶 niú nǎi — **Noun:** milk (cow)

wǒ měi tiān zǎo shàng hē yì bēi niú nǎi
我 每 天 早 上 喝 一 杯 牛 奶。
I drink a glass of **milk** every morning.

276 女 — nǚ — **Adjective:** female; woman

qǐng wèn, **nǚ** cè suǒ zài nǎ'r?
请 问,**女** 厕 所 在 哪 儿?
Excuse me, where is the **women**'s toilet?

277 女儿 — nǚ ér — **Noun:** daughter

wáng xiān sheng yǒu liǎng gè **nǚ ér**.
王 先 生 有 两 个 **女 儿**。
Mr. Wang has two **daughters**.

278 女孩 — nǚ hái — **Noun:** girl

zhè gè **nǚ hái** zài nǎ lǐ shàng xué?
这 个 **女 孩** 在 哪 里 上 学?
Where does this **girl** go to school?

279 女朋友 — nǚ péng yǒu — **Noun:** girlfriend

tā shàng gè yuè hé **nǚ péng yǒu** fēn shǒu le.
他 上 个 月 和 **女 朋 友** 分 手 了。
He broke up with his **girlfriend** last month.

280 女人 — nǚ rén — **Noun:** woman

zài wǒ men gōng sī, **nǚ rén** bǐ nán rén duō.
在 我 们 公 司,**女 人** 比 男 人 多。
In our company, there are more **women** than men.

281 女生 — nǚ shēng — **Noun:** young woman; girl

nà gè **nǚ shēng** shì wǒ de dà xué tóng xué.
那 个 **女 生** 是 我 的 大 学 同 学。
That **young woman** is my university classmate.

282 旁边   páng biān   **Noun:** next to; nearby

gōng yuán **páng biān** shì yì tiáo hé
公 园 **旁 边** 是 一 条 河 。
There is a river **next to** the park.

283 跑   pǎo   **Verb:** run

zhè tiáo gǒu **pǎo** de hěn kuài
这 条 狗 **跑** 得 很 快 。
This **dog** runs very fast.

284 朋友   péng yǒu   **Noun:** friend

tā shì wǒ zuì hǎo de **péng yǒu**
他 是 我 最 好 的 **朋 友** 。
He is my best **friend**.

285 票   piào   **Noun:** ticket

wǒ yào mǎi liǎng zhāng dì tiě **piào**
我 要 买 两 张 地 铁 **票** 。
I want to buy two subway **tickets**.

286 七   qī   **Number:** seven

wǒ de nǚ ér jīn nián **qī** suì
我 的 女 儿 今 年 **七** 岁 。
My daughter is **seven** years old this year.

287 起   qǐ   **Verb:** start

cóng jīn tiān **qǐ** tā shì wǒ men de xīn zhǔ guǎn
从 今 天 **起** ， 他 是 我 们 的 新 主 管 。
Starting from today, he is our new director.

288 起床 — qǐ chuáng — **Verb:** to get up (from bed)

tā měi tiān zǎo shàng liù diǎn bàn qǐ chuáng
她 每 天 早 上 六 点 半 起 床 。
She **gets up** at half past six every morning.

289 起来 — qǐ lái — **Verb:** to rise up

rán hòu, tā cóng dì shàng zhàn qǐ lái
然 后 ， 他 从 地 上 站 起 来 。
Then, he stood **up** from the ground.

290 汽车 — qì chē — **Noun:** automobile (e.g. car, bus)

wǒ bà ba mǎi le yí liàng qì chē
我 爸 爸 买 了 一 辆 汽 车 。
My dad bought a **car**.

291 前 — qián — **Noun:** front; ago

nǐ xiàng qián zǒu yī bǎi mǐ, jiù dào
你 向 前 走 一 百 米 ， 就 到 。
Walk forwards (towards **front**) for 100 meters, then you will arrive.

yī nián qián, tā kāi shǐ xué xí zhōng wén
一 年 前 ， 他 开 始 学 习 中 文 。
A year **ago**, he started learning Chinese.

292 前边 — qián bian — **Noun:** in front

qián bian yǒu gè jiǔ ba
前 边 有 个 酒 吧 。
There is a pub **in front**.

293 前天 — qián tiān — **Noun:** the day before yesterday

我 **前天** 坐 火 车 去 了 伦 敦 。
wǒ qián tiān zuò huǒ chē qù le lún dūn

I took the train to London **the day before yesterday**.

294 钱 — qián — **Noun:** money

请 问 , 这 瓶 啤 酒 多 少 钱 ?
qǐng wèn zhè píng pí jiǔ duō shǎo qián

Excuse me, how much **(money)** is this bottle of beer?

295 钱包 — qián bāo — **Noun:** wallet

我 要 买 个 钱 包 送 给 他 。
wǒ yào mǎi gè qián bāo sòng gěi tā

I want to buy a **wallet** to gift to him.

296 请 — qǐng — **Verb:** to invite

他 **请** 我 们 参 加 他 的 生 日 聚 会 。
tā qǐng wǒ men cān jiā tā de shēng rì jù huì

He **invited** us to join his birthday party.

297 请假 — qǐng jià — **Verb:** to ask for leave

你 应 该 打 电 话 给 经 理 **请 假** 。
nǐ yīng gāi dǎ diàn huà gěi jīng lǐ qǐng jià

You should call the manager to **ask for leave**.

298 请进 — qǐng jìn — **Phrase:** please come in

欢 迎 你 们 , **请 进** 。
huān yíng nǐ men qǐng jìn

Welcome, **please come in**.

299 请问 — qǐng wèn — **Verb:** excuse me; may I ask

请问，你在哪里工作？
qǐng wèn, nǐ zài nǎ lǐ gōng zuò?
May I ask, where do you work?

300 请坐 — qǐng zuò — **Phrase:** please sit down

椅子在这儿，请坐。
yǐ zi zài zhè ér, qǐng zuò.
The chair is here, **please sit down**.

301 球 — qiú — **Noun:** ball

我们下午去踢足球，好吗？
wǒ men xià wǔ qù tī zú qiú, hǎo ma?
Let's go to play foot**ball** in the afternoon, OK?

302 去 — qù — **Verb:** to go to

明年春天，我要去爬长城。
míng nián chūn tiān, wǒ yào qù pá cháng chéng.
Next spring, I am **going to** climb the Great Wall.

303 去年 — qù nián — **Noun:** last year

我们是去年认识的。
wǒ men shì qù nián rèn shi de.
We met **last year**.

304 热 — rè — **Adjective:** hot

今年夏天，天气非常热。
jīn nián xià tiān, tiān qì fēi cháng rè.
This summer, the weather is very **hot**.

79

305 人 — rén
Noun: people; person

wǒ men gōng sī yí gòng yǒu wǔ shí gè rén
我们公司一共有五十个**人**。
Our company has 50 **people** in total.

306 认识 — rèn shi
Verb: to know (somebody)

nǐ men shì zěn me rèn shi de
你们是怎么**认识**的？
How do you **know** each other?

307 认真 — rèn zhēn
Adjective: serious

tā duì nǚ péng yǒu bú tài rèn zhēn
他对女朋友不太**认真**。
He is not too **serious** about his girlfriend.

308 日 — rì
Noun: day

shèng dàn jié shì shí èr yuè èr shí wǔ rì
圣诞节是十二月二十五**日**。
Chrismas is on the 25th **day** of December.

309 日期 — rì qi
Noun: date

wǒ bú jì de tā men de jié hūn rì qi
我不记得他们的结婚**日期**。
I don't remember their wedding **date**.

310 肉 — ròu
Noun: meat

tā shì sù shí zhǔ yì zhě bù chī ròu
他是素食主义者，不吃**肉**。
He is a vegetarian and does not eat **meat**.

311 三 — sān — **Number:** three

wǒ jīn tiān zǎo shàng chī le sān gè bāo zi
我 今 天 早 上 吃 了 三 个 包 子 。
I ate **three** steamed buns this morning.

312 山 — shān — **Noun:** mountain

wǒ men zhōu mò qù pá shān hǎo ma
我 们 周 末 去 爬 山 , 好 吗 ?
Let's go to climb the **mountain** on the weekend, OK?

313 商场 — shāng chǎng — **Noun:** shopping mall

shì zhōng xīn yǒu yí gè dà shāng chǎng
市 中 心 有 一 个 大 商 场 。
There is a big **shopping mall** in the city centre.

314 商店 — shāng diàn — **Noun:** shop

tā qù shāng diàn mǎi bīng qí lín le
他 去 商 店 买 冰 淇 淋 了 。
He went to the **shop** to buy ice cream.

315 上 — shàng — **Preposition:** on / **Verb:** to ascend

Prep.
zhuō zi shàng yǒu liǎng tái diàn nǎo
桌 子 上 有 两 台 电 脑 。
There are two computers **on** the desk.

Verb
nǐ kě yǐ zuò diàn tī shàng lóu
你 可 以 坐 电 梯 上 楼 。
You can take the elevator to **go upstairs** (ascend building).

316 上班   shàng bān   **Verb:** to work

她 在 银 行 上 班 。
tā zài yín háng shàng bān
She **works** in the bank.

317 上边   shàng bian   **Noun:** top of; upside

树 枝 上 边 有 一 只 猴 子 。
shù zhī shàng bian yǒu yī zhī hóu zi
There is a monkey on the **top of** the branch.

318 上车   shàng chē   **Verb:** get in (vehicle)

司 机 请 我 们 上 车 。
sī jī qǐng wǒ men shàng chē
The driver asked us to **get in the car**.

319 上次   shàng cì   **Noun:** last time

我 上 次 去 中 国 是 在 春 天 。
wǒ shàng cì qù zhōng guó shì zài chūn tiān
Last time I went to China was in spring.

320 上课   shàng kè   **Verb:** to have a class

我 每 星 期 六 早 上 十 点 上 课 。
wǒ měi xīng qī liù zǎo shàng shí diǎn shàng kè
I **have class** at ten o'clock every Saturday morning.

321 上网   shàng wǎng   **Verb:** to go online

他 常 常 上 网 打 游 戏 。
tā cháng cháng shàng wǎng dǎ yóu xì
He often **goes online** to play games.

322 上午 shàng wǔ **Noun:** late morning

wǒ jīn tiān shàng wǔ zài jiā shàng bān
我 今 天 上 午 在 家 上 班 。
I worked at home this **morning**.

323 上学 shàng xué **Verb:** to go to school

wǒ dì di bù xǐ huān shàng xué
我 弟 弟 不 喜 欢 上 学 。
My younger brother doesn't like **going to school**.

324a 少 shǎo **Adjective:** few; little

wǒ zuì jìn chī de hěn shǎo
我 最 近 吃 得 很 少 。
I have eaten very **little** recently.

324b 少 shào **Adjective:** young

zhè qún shào nián zài tī zú qiú
这 群 少 年 在 踢 足 球 。
This group of **young**sters are playing football.

325 谁 shéi **Pronoun:** who

nǐ zhī dào tā shì shéi ma
你 知 道 她 是 谁 吗 ?
Do you know **who** she is?

326 身上 shēn shang **Noun:** on one's body

tā shēn shang chuān zhe yí jiàn bái chèn shān
他 身 上 穿 着 一 件 白 衬 衫 。
He is wearing a white shirt **on his body**.

327 身体 — shēn tǐ — **Noun:** body; health

我 父 母 的 **身体** 很 好 。
wǒ fù mǔ de shēn tǐ hěn hǎo

My parents are in good **health**.

328 什么 — shén me — **Pronoun:** what

你 最 喜 欢 **什么** 颜 色 ?
nǐ zuì xǐ huān shén me yán sè

What color do you like the most?

329 生病 — shēng bìng — **Verb:** to get sick

他 **生病** 了 , 现 在 在 医 院 。
tā shēng bìng le xiàn zài zài yī yuàn

He **got sick** and now in the hospital.

330 生气 — shēng qì — **Adjective:** angry

他 很 **生气** , 不 想 跟 我 说 话 。
tā hěn shēng qì bù xiǎng gēn wǒ shuō huà

He is very **angry** and doesn't want to talk to me.

331 生日 — shēng rì — **Noun:** birthday

我 们 明 天 去 参 加 他 的 **生日** 聚 会 。
wǒ men míng tiān qù cān jiā tā de shēng rì jù huì

We will go to attend his **birthday** party tomorrow.

332 十 — shí — **Number:** ten

今 天 你 **十** 岁 , 祝 你 生 日 快 乐 !
jīn tiān nǐ shí suì zhù nǐ shēng rì kuài lè

Today you are **ten** years old, happy birthday to you!

333 时候 — shí hòu — **Noun:** during; when (a point in time)

zài zhōng guó de shí hòu, wǒ cháng cháng chī jiǎo zi
在 中 国 的 **时 候**，我 常 常 吃 饺 子。
During my **time** in China, I often ate dumplings.

334 时间 — shí jiān — **Noun:** time

xiàn zài shì shàng bān shí jiān, tā hěn máng
现 在 是 上 班 **时 间**，他 很 忙。
It's working **time** now, he is very busy.

335 事 — shì — **Noun:** matter

qǐng wèn, nǐ yǒu shén me shì?
请 问，你 有 什 么 **事**？
Excuse me, what's the **matter** (you have)?

336 试 — shì — **Verb:** to try

wǒ kě yǐ shì chuān zhè jiàn yī fu ma?
我 可 以 **试** 穿 这 件 衣 服 吗？
May I **try** on this item of clothing?

337 是 — shì — **Verb:** to be

zhè shì wǒ de nǚ péng yǒu, jiào xiǎo yún.
这 **是** 我 的 女 朋 友，叫 小 云。
This **is** my girlfriend, called Xiaoyun.

338 是不是 — shì bu shì — **Phrase:** yes or no

nǐ xiǎng gēn tā jié hūn, shì bu shì?
你 想 跟 她 结 婚，**是 不 是**？
You want to marry her, **yes or no**?

339 手   shǒu   **Noun:** hands

你 等 一 等，我 去 洗 手。
nǐ děng yi děng, wǒ qù xǐ shǒu.
Please wait a bit, I am going to wash **hands**.

340 手机   shǒu jī   **Noun:** phone

这 是 我 刚 买 的 苹 果 手 机。
zhè shì wǒ gāng mǎi de píng guǒ shǒu jī.
This is the iPhone (apple **phone**) I just bought.

341 书   shū   **Noun:** book

他 的 书 架 上 有 很 多 书。
tā de shū jià shàng yǒu hěn duō shū.
There are many **books** on his bookshelf.

342 书包   shū bāo   **Noun:** schoolbag

我 要 给 女 儿 买 一 个 新 书 包。
wǒ yào gěi nǚ ér mǎi yí gè xīn shū bāo.
I want to buy a new **schoolbag** for my daughter.

343 书店   shū diàn   **Noun:** bookstore

市 中 心 有 几 个 书 店。
shì zhōng xīn yǒu jǐ gè shū diàn.
There are several **bookstores** in the city centre.

344 树   shù   **Noun:** tree

听 说，这 颗 大 树 有 五 百 岁 了。
tīng shuō, zhè kē dà shù yǒu wǔ bǎi suì le.
I heard this big **tree** is 500 years old.

345 水 — shuǐ — **Noun:** water

你 可 以 帮 我 倒 一 杯 水 吗？
nǐ kě yǐ bāng wǒ dào yì bēi shuǐ ma
Can you pour me a glass of **water**?

346 水果 — shuǐ guǒ — **Noun:** fruit

我 家 厨 房 有 很 多 水 果 。
wǒ jiā chú fáng yǒu hěn duō shuǐ guǒ
There are many **fruits** in my kitchen.

347 睡 — shuì — **Verb:** to sleep

我 昨 天 晚 上 睡 得 不 太 好 。
wǒ zuó tiān wǎn shàng shuì de bú tài hǎo
I didn't **sleep** well last night.

348 睡觉 — shuì jiào — **Verb:** to go to sleep

我 每 天 晚 上 十 一 点 睡 觉 。
wǒ měi tiān wǎn shàng shí yī diǎn shuì jiào
I **go to sleep** at eleven every night.

349 说 — shuō — **Verb:** to speak

我 会 说 中 文 和 英 文 。
wǒ huì shuō zhōng wén hé yīng wén
I can **speak** Chinese and English.

350 说话 — shuō huà — **Verb:** to talk

跟 她 说 话 ，我 觉 得 很 开 心 。
gēn tā shuō huà wǒ jué de hěn kāi xīn
Talking with her, I feel very happy.

351 四   sì   **Number:** four

wǒ de zhí zi jīn nián sì suì le
我 的 侄 子 今 年 四 岁 了。
My nephew is **four** years old this year.

352 送   sòng   **Verb:** to accompany; to deliver

wǒ huì kāi chē sòng tā huí jiā
我 会 开 车 送 她 回 家。
I will drive to **accompany** her home.

kuài dì yuán lái sòng bāo guǒ le
快 递 员 来 送 包 裹 了。
The postman is here to **deliver** the parcel.

353 岁   suì   **Noun:** age (number + 岁)

wǒ de zhí nǚ xià gè yuè jiù bā suì le
我 的 侄 女 下 个 月 就 八 岁 了。
My niece will be **eight years old** next month.

354 他   tā   **Pronoun:** him; he

tā shì wǒ men bù mén de zhǔ guǎn
他 是 我 们 部 门 的 主 管。
He is the head of our department.

355 他们   tā men   **Pronoun:** them; they

tā men dōu shì wǒ de tóng shì
他 们 都 是 我 的 同 事。
They are all my colleagues.

356 她 — tā
Pronoun: she; her

tā shì wǒ de mì shū
她 是 我 的 秘 书 。
She is my secretary.

357 她们 — tā men
Pronoun: they; them (female)

tā men dōu shì hěn bàng de yùn dòng yuán
她 们 都 是 很 棒 的 运 动 员 。
They are all great athletes.

358 太 — tài
Adverb: very; too

tā zuò de cài tài hǎo chī le
她 做 的 菜 太 好 吃 了 ！
The dishes she cooks are **too** delicious!

359 天 — tiān
Noun: day

wǒ men dǎ suàn qù jiā zhōu dù jià wǔ tiān
我 们 打 算 去 加 州 度 假 五 天 。
We plan to go to California for a five-**day** holiday.

360 天气 — tiān qì
Noun: weather

jīn nián xià tiān de tiān qì fēi cháng hǎo
今 年 夏 天 的 天 气 非 常 好 ！
The **weather** this summer is very good!

361 听 — tīng
Verb: to listen

nǐ tīng hǎo xiàng yǒu hái zi zài kū
你 听 ， 好 像 有 孩 子 在 哭 。
Listen, it sounds like a child is crying.

362 听到   tīng dào   **Verb:** to have heard

我 **听 到** 了 他 们 的 悄 悄 话 。
wǒ tīng dào le tā men de qiāo qiāo huà

I've **heard** their whispers.

363 听见   tīng jiàn   **Verb:** to hear

开 始 下 雨 了 , 你 **听 见** 了 吗 ?
kāi shǐ xià yǔ le nǐ tīng jiàn le ma

It has started raining, can you **hear** it?

364 听写   tīng xiě   **Verb:** to dictate

我 们 现 在 开 始 **听 写** 生 词 。
wǒ men xiàn zài kāi shǐ tīng xiě shēng cí

Let's start **dictating** new vocabularies now.

365 同学   tóng xué   **Noun:** classmate

我 们 班 有 二 十 个 **同 学** 。
wǒ men bān yǒu èr shí gè tóng xué

There are twenty **classmates** in our class.

366 图书馆   tú shū guǎn   **Noun:** library

我 们 大 学 有 一 个 很 大 的 **图 书 馆** 。
wǒ men dà xué yǒu yí gè hěn dà de tú shū guǎn

Our university has a very big **library.**

367 外   wài   **Noun:** exterior

门 **外** 站 着 一 个 送 货 员 。
mén wài zhàn zhe yí gè sòng huò yuán

A delivery man is standing by the door (**exterior**).

368 外边   wài bian   **Noun:** outside

她在**外边**和小狗玩。
She is playing with the puppy **outside**.

369 外国   wài guó   **Noun:** foreign (country)

我有很多**外国**朋友。
I have many **foreign** friends.

370 外语   wài yǔ   **Noun:** foreign language

中文是很有趣的**外语**。
Chinese is a very interesting **foreign language**.

371 玩(儿)   wán'r   **Verb:** to play; to have fun

孩子们在公园里**玩儿**。
The children are **playing** in the park.

372 晚   wǎn   **Adjective:** late

他今天下班得很**晚**。
He got off work **late** today.

373 晚饭   wǎn fàn   **Noun:** dinner

我们明天去朋友家吃**晚饭**。
We will go to a friend's house for **dinner** tomorrow.

374 晚上   wǎn shàng   **Noun:** night

wǒ měi tiān **wǎn shàng** dōu huì kàn xiǎo shuō
我 每 天 **晚 上** 都 会 看 小 说 。

I read novels every **night**.

375 网上   wǎng shàng   **Noun:** online

wǒ men jīng cháng zài **wǎng shàng** mǎi dōng xi
我 们 经 常 在 **网 上** 买 东 西 。

We often buy things **online**.

376 网友   wǎng yǒu   **Noun:** online friend

wǒ de wēi xìn shàng yǒu hěn duō **wǎng yǒu**
我 的 微 信 上 有 很 多 **网 友** 。

I have many **online friends** on my WeChat.

377 忘   wàng   **Verb:** to forget

wǒ tài máng le , **wàng** le hē kā fēi
我 太 忙 了 , **忘** 了 喝 咖 啡 。

I was so busy that I **forgot** to drink coffee.

379 问   wèn   **Verb:** to ask

wǒ kě yǐ **wèn** nǐ yí gè wèn tí ma
我 可 以 **问** 你 一 个 问 题 吗 ?

May I **ask** you a question?

380 我   wǒ   **Pronoun:** I; me

wǒ xiǎng dāng yì míng lǜ shī
我 想 当 一 名 律 师 。

I want to be a lawyer.

381 我们 — wǒ men — **Pronoun:** we; us

我们去公园散步，好吗？
wǒ men qù gōng yuán sàn bù hǎo ma
Shall **we** go to walk in the park?

382 五 — wǔ — **Number:** five

我家的母狗生了五只小狗。
wǒ jiā de mǔ gǒu shēng le wǔ zhī xiǎo gǒu
My family's female dog gave birth to **five** puppies.

383 午饭 — wǔ fàn — **Noun:** lunch meal

我一般十二点吃午饭。
wǒ yì bān shí èr diǎn chī wǔ fàn
I usually have **lunch (meal)** at twelve.

384 西 — xī — **Noun:** west

往西走五分钟就到。
wǎng xī zǒu wǔ fēn zhōng jiù dào
Walk **west** for 5 minutes, then you will arrive.

385 西边 — xī bian — **Noun:** west side

西藏在中国的西边。
xī zàng zài zhōng guó de xī bian
Tibet is on the **west side** of China.

386 洗 — xǐ — **Verb:** to wash

我有洗碗机，不用自己洗碗。
wǒ yǒu xǐ wǎn jī bù yòng zì jǐ xǐ wǎn
I have a dishwasher, no need to **wash** dishes myself.

387 洗手间 xǐ shǒu jiān **Noun:** toilet

请问,洗手间在哪儿?
qǐng wèn, xǐ shǒu jiān zài nǎ ér?
Excuse me, where is the **toilet**?

388 喜欢 xǐ huān **Verb:** to like

我喜欢开车去郊区玩。
wǒ xǐ huān kāi chē qù jiāo qū wán.
I **like** to drive to the suburbs to hang out.

389 下 xià **Noun:** down; under

树下有一把椅子。
shù xià yǒu yì bǎ yǐ zi.
There is a chair **under** the tree.

390 下班 xià bān **Verb:** finish work

我每天下午五点半下班。
wǒ měi tiān xià wǔ wǔ diǎn bàn xià bān.
I **finish work** at half past five every afternoon.

391 下边 xià bian **Noun:** underneath

桌子下边有两条狗。
zhuō zi xià bian yǒu liǎng tiáo gǒu.
There are two dogs **underneath** the table.

392 下车 xià chē **Verb:** to get off (vehicle)

我要在飞机场下车。
wǒ yào zài fēi jī chǎng xià chē.
I want to **get off** at the airport.

393 下次   xià cì   **Noun:** next time

wǒ men xià cì zài nǎ lǐ jiàn miàn
我 们 **下 次** 在 哪 里 见 面 ?
Where shall we meet **next time**?

394 下课   xià kè   **Verb:** finish class

wǒ shí diǎn bàn xià kè nǐ ne
我 十 点 半 **下 课** , 你 呢 ?
I **finish class** at half past ten, how about you?

395 下午   xià wǔ   **Noun:** afternoon

wǒ jīn tiān xià wǔ yǒu sān gè huì yì
我 今 天 **下 午** 有 三 个 会 议 。
I have three meetings this **afternoon**.

396 下雨   xià yǔ   **Verb:** to rain

tiān qì yù bào shuō wǎn shàng huì xià yǔ
天 气 预 报 说 晚 上 会 **下 雨** 。
The weather forecast says it will **rain** at night.

397 先   xiān   **Adverb:** first

wǒ yào xiān chī fàn rán hòu kàn zú qiú sài
我 要 **先** 吃 饭 , 然 后 看 足 球 赛 。
I want to eat **first**, then watch the football match.

398 先生　　　xiān sheng　　　**Noun:** gentleman; Mr.

zhāng xiān sheng hěn gāo xìng rèn shi nǐ
张 **先 生**，很 高 兴 认 识 你。
Mr. Zhang, nice to meet you.

nǚ shì men xiān sheng men wǎn huì xiàn zài kāi shǐ
女 士 们，**先 生** 们！晚 会 现 在 开 始。
Ladies, **gentlemen**, the party starts now.

399 现在　　　xiàn zài　　　**Noun:** now

xiàn zài jǐ diǎn le
现 在 几 点 了？
What time is it **now**?

400 想　　　xiǎng　　　**Verb:** to think; to want

zhè ge xīng qī wǔ wǒ bù xiǎng shàng bān
这 个 星 期 五，我 不 **想** 上 班。
This Friday, I don't **want** to go to work.

401 小　　　xiǎo　　　**Adjective:** small

zhè jiàn yī fu tài xiǎo wǒ bù néng chuān
这 件 衣 服 太 **小**，我 不 能 穿。
This item of clothing is too **small**, I cannot wear it.

402 小孩(儿)　　　xiǎo hái'r　　　**Noun:** kid; child

zhè ge xiǎo hái shì wǒ de zhí zi
这 个 **小 孩** 是 我 的 侄 子。
This **kid** is my nephew.

403 小姐   xiǎo jiě   **Noun:** Miss

xiǎo jiě，qǐng wèn diàn tī zài nǎ ér
小姐，请问电梯在哪儿？
Miss, may I ask where is the elevator?

404 小朋友   xiǎo péng yǒu   **Noun:** children

gōng yuán lǐ yǒu yì qún xiǎo péng yǒu zài wán
公园里有一群小朋友在玩。
A group of **children** (little friends) are playing in the park.

405 小时   xiǎo shí   **Noun:** hour

wǒ měi tiān gōng zuò bā gè xiǎo shí
我每天工作八个小时。
I work eight **hours** a day.

406 小学   xiǎo xué   **Noun:** primary school

wǒ de nǚ ér jīn nián shàng xiǎo xué yī nián jí
我的女儿今年上小学一年级。
My daughter attends year one in **primary school** this year.

407 小学生   xiǎo xué shēng   **Noun:** primary school student

cāo chǎng shàng yǒu jǐ gè xiǎo xué shēng zài tī qiú
操场上有几个小学生在踢球。
A few **primary school students** are playing football on the playground.

408 笑 — xiào — **Verb:** to laugh; to smile

他 的 **笑** 话 让 大 家 **笑** 了 很 久 。
tā de xiào huà ràng dà jiā xiào le hěn jiǔ

His **jokes** made everyone **laugh** for a long time.

409 写 — xiě — **Verb:** to write

他 很 浪 漫 ， 常 常 **写** 诗 。
tā hěn làng màn cháng cháng xiě shī

He is very romantic and often **writes** poems.

410 谢谢 — xiè xie — **Phrase:** thank you

谢 谢 你 们 的 支 持 ！
xiè xie nǐ men de zhī chí

Thank you for your support!

411 新 — xīn — **Adjective:** new

我 们 打 算 买 一 辆 **新** 车 。
wǒ men dǎ suàn mǎi yí liàng xīn chē

We plan to buy a **new** car.

412 新年 — xīn nián — **Noun:** new year

祝 大 家 **新 年** 快 乐 ， 身 体 健 康 ！
zhù dà jiā xīn nián kuài lè shēn tǐ jiàn kāng

I wish everyone a happy **new year** and have good health!

413 星期 — xīng qī — **Noun:** day of the week

我 忘 了 今 天 是 **星 期** 几 。
wǒ wàng le jīn tiān shì xīng qī jǐ

I forgot what **day of the week** it is today.

414 星期日 — xīng qī rì — **Noun:** Sunday

今天是**星期日**，他们要去教堂。
jīn tiān shì xīng qī rì, tā men yào qù jiào táng

Today is **Sunday** and they are going to church.

415 星期天 — xīng qī tiān — **Noun:** Sunday

我每**星期天**早上有中文课。
wǒ měi xīng qī tiān zǎo shàng yǒu zhōng wén kè

I have Chinese class every **Sunday** morning.

416 行 — xíng — **Adjective:** OK

我想借你的车，**行**吗？
wǒ xiǎng jiè nǐ de chē, xíng ma

I want to borrow your car, **OK**?

417 休息 — xiū xi — **Verb:** to rest

我觉得很累，想早点**休息**。
wǒ jué de hěn lèi, xiǎng zǎo diǎn xiū xi

I feel very tired and want to **rest** early.

418 学 — xué — **Verb:** to learn

我明年想**学**开车，你呢？
wǒ míng nián xiǎng xué kāi chē, nǐ ne

I want to **learn** to drive next year, how about you?

419 学生 — xué sheng — **Noun:** students

这个大学有几千个**学生**。
zhè gè dà xué yǒu jǐ qiān gè xué sheng

There are thousands of **students** in this university.

420 学习 — xué xí — **Verb:** to study

我 喜 欢 **学 习** 中 国 的 语 言 和 文 化 。
wǒ xǐ huān xué xí zhōng guó de yǔ yán hé wén huà
I like **studying** Chinese language and culture.

421 学校 — xué xiào — **Noun:** school

我 姐 姐 在 **学 校** 当 老 师 。
wǒ jiě jie zài xué xiào dāng lǎo shī
My older sister works as a teacher in **school**.

422 学院 — xué yuàn — **Noun:** academy; college department

她 是 外 国 语 **学 院** 的 教 授 。
tā shì wài guó yǔ xué yuàn de jiào shòu
She is a professor at the **academy** of Foreign Languages.

423 要 — yào — **Verb:** to want

我 **要** 先 去 上 海 , 然 后 去 广 州 。
wǒ yào xiān qù shàng hǎi rán hòu qù guǎng zhōu
I **want** to go to Shanghai first, then to Guangzhou.

424 爷爷 — yé ye — **Noun:** paternal grandpa

下 个 月 , 我 们 会 庆 祝 **爷 爷** 的 生 日 。
xià gè yuè wǒ men huì qìng zhù yé ye de shēng rì
Next month, we will celebrate **grandpa**'s birthday.

425 也 — yě — **Adverb:** also

我 的 男 朋 友 **也** 很 喜 欢 狗 。
wǒ de nán péng yǒu yě hěn xǐ huān gǒu
My boyfriend **also** likes dogs very much.

426 页   yè   **Noun:** page

这本书一共有三百页。
This book in total has 300 **pages**.

427 一   yī   **Number:** one

你能从一数到一百吗?
Can you count from **one** to **one** hundred?

428 衣服   yī fu   **Noun:** clothes

我的衣柜有很多漂亮的衣服。
My closet has many beautiful **clothes**.

429 医生   yī shēng   **Noun:** doctor

我要带我奶奶去看医生。
I will take my grandma to see the **doctor**.

430 医院   yī yuàn   **Noun:** hospital

这是我们城市最大的医院。
This is the largest **hospital** in our city.

431 一半   yí bàn   **Noun:** half

我刚刚吃了一半月饼。
I just ate **half** of a mooncake.

432 一会儿   yí huì'r   **Noun:** a while

我想坐在沙发上休息一会儿。
wǒ xiǎng zuò zài shā fā shàng xiū xi yí huì'r

I want to sit in the sofa to rest for **a while**.

433 一块   yí kuài   **Noun:** a piece; a slice

她为我切了一块蛋糕。
tā wèi wǒ qiē le yí kuài dàn gāo

She cut **a slice** of cake for me.

434 一下   yí xià   **Noun:** a bit

对不起，我要考虑一下。
duì bu qǐ, wǒ yào kǎo lǜ yí xià

Sorry, I have to consider it **a bit**.

435 一样   yí yàng   **Adjective:** same

他跟我一样喜欢中国文化。
tā gēn wǒ yí yàng xǐ huān zhōng guó wén huà

He likes Chinese culture the **same** as I do.

436 一边   yì biān   **Noun:** one side   **Adverb:** indicate simultaneous action

Noun
有个翻译站在他的一边。
yǒu gè fān yì zhàn zài tā de yì biān

There is a translator standing at his **side**.

Adverb
他一边看电视，一边吃饭。
tā yì biān kàn diàn shì, yì biān chī fàn

He is eating **while** watching TV.

437 一点(儿) yì diǎn'r **Noun:** a little

我 的 肚 子 有 一 点 儿 不 舒 服 。
wǒ de dù zi yǒu yì diǎn'r bù shū fu

My stomach feels **a little** uncomfortable.

438 一起 yì qǐ **Adverb:** together

我 明 天 晚 上 会 跟 他 一 起 看 电 影 。
wǒ míng tiān wǎn shàng huì gēn tā yì qǐ kàn diàn yǐng

Tomorrow night I will watch a movie **together** with him.

439 一些 yì xiē some

办 公 室 的 桌 子 上 有 一 些 文 件 。
bàn gōng shì de zhuō zi shàng yǒu yì xiē wén jiàn

There are **some** documents on the desk in the office.

440 用 yòng **Verb:** to use

我 可 以 用 你 的 电 脑 吗 ？
wǒ kě yǐ yòng nǐ de diàn nǎo ma

May I **use** your computer?

441 有 yǒu **Verb:** to have

他 是 公 司 的 大 老 板 ， 有 很 多 钱 。
tā shì gōng sī de dà lǎo bǎn yǒu hěn duō qián

He is the big boss of the company, **has** a lot of money.

442 有的   yǒu de   **Pronoun:** some

有的同事喜欢他，有的同事不喜欢他。
yǒu de tóng shì xǐ huān tā, yǒu de tóng shì bù xǐ huān tā.

Some colleagues like him, and **some** dislike him.

443 有名   yǒu míng   **Adjective:** famous

这个法国球星很有名。
zhè gè fǎ guó qiú xīng hěn yǒu míng.

This French football star is very **famous**.

444 有时候   yǒu shí hòu   **Phrase:** sometimes

在周末，我有时候去骑自行车。
zài zhōu mò, wǒ yǒu shí hòu qù qí zì xíng chē.

On weekends, I **sometimes** go cycling.

445 有(一)些   yǒu yì xiē   a few; some

有一些同学去参加网球比赛了。
yǒu yì xiē tóng xué qù cān jiā wǎng qiú bǐ sài le.

A few classmates went to attend the tennis match.

446 有用   yǒu yòng   **Adjective:** useful

我觉得洗碗机最有用！
wǒ jué de xǐ wǎn jī zuì yǒu yòng!

I think the dishwasher is the most **useful**!

447 右 — yòu — **Noun:** right

我 更 习 惯 用 右 手 。
wǒ gèng xí guàn yòng yòu shǒu
I am more used to using my **right** hand.

448 右边 — yòu bian — **Noun:** right side

沙 发 的 右 边 有 一 条 狗 。
shā fā de yòu bian yǒu yì tiáo gǒu
There is a dog on the **right side** of the sofa.

449 雨 — yǔ — **Noun:** rain

今 天 的 雨 太 大 了 ， 我 不 想 出 去 。
jīn tiān de yǔ tài dà le wǒ bù xiǎng chū qù
The **rain** is too heavy today, I don't want to go out.

450 元 — yuán — **Noun:** monetary unit

我 花 了 八 千 元 买 了 这 个 新 手 机 。
wǒ huā le bā qiān yuán mǎi le zhè gè xīn shǒu jī
I spent 8 thousand **yuan (CNY)** to buy this new phone.

451 远 — yuǎn — **Adjective:** far

我 的 家 离 飞 机 场 很 远 。
wǒ de jiā lí fēi jī chǎng hěn yuǎn
My house is very **far** from the airport.

452 月   yuè   **Noun:** month; moon

yī nián yǒu shí èr gè yuè
一年有十二个月。
There are twelve **months** in a year.

zhōng qiū jié de yuè liàng hěn měi
中秋节的月亮很美。
The **moon** on the Mid-Autumn Festival is beautiful.

453 再   zài   **Adverb:** again

míng nián xià tiān wǒ men xiǎng zài qù fǎ guó
明年夏天我们想再去法国。
We want to go to France **again** next summer.

454 再见   zài jiàn   **Phrase:** goodbye

ér zi qù gēn nǐ shū shu shuō zài jiàn
儿子,去跟你叔叔说再见。
Son, go and say **goodbye** to your uncle.

455 在   zài   **Preposition:** in; at / **Verb:** action in progress

Pre.   qǐng wèn, zhè gè bìng rén zài nǎ gè fáng jiān
请问,这个病人在哪个房间?
Excuse me, which room is this patient **in**?

Verb   tā zài shàng kè, nǐ bú yào dǎ rǎo
她在上课,你不要打扰。
She **is** hav**ing** lessons, don't disturb.

456 在家   zài jiā   **Verb:** at home

tā zài jiā shàng bān
他在家上班。
He works **at home**.

457 早 — zǎo — **Adjective:** early

每个星期五，我们都下班得早。
měi gè xīng qī wǔ, wǒ men dōu xià bān de zǎo
Every Friday, we finish work **early**.

458 早饭 — zǎo fàn — **Noun:** breakfast

我的早饭是煎鸡蛋和香肠。
wǒ de zǎo fàn shì jiān jī dàn hé xiāng cháng
My **breakfast** is fried eggs and sausages.

459 早上 — zǎo shàng — **Noun:** morning

我每天早上八点吃早饭。
wǒ měi tiān zǎo shàng bā diǎn chī zǎo fàn
I have breakfast at eight every **morning**.

460 怎么 — zěn me — **Pronoun:** how

请问，怎么去地铁站？
qǐng wèn, zěn me qù dì tiě zhàn
Excuse me, **how** to go to the subway station?

461 站 — zhàn — **Noun:** station

市中心有两个火车站。
shì zhōng xīn yǒu liǎng gè huǒ chē zhàn
There are two train **stations** in the city center.

462 找 — zhǎo — **Verb:** to find

她丢了手机，我们在帮她找。
tā diū le shǒu jī, wǒ men zài bāng tā zhǎo
She lost her mobile phone and we are helping her **find** it.

463 找到   zhǎo dào   **Verb:** to have found

tā zài shā fā shàng zhǎo dào le tā de shǒu jī
她 在 沙 发 上 **找 到** 了 她 的 手 机 。
She **found** her mobile phone on the sofa.

464 这   zhè   **Pronoun:** this

dà jiā hǎo zhè shì wǒ de zhōng guó péng yǒu xiǎo míng
大 家 好 ， **这** 是 我 的 中 国 朋 友 小 明 。
Hello everyone, **this** is my Chinese friend Xiao Ming.

465 这边   zhè biān   **Pronoun:** this (side)

zhè biān shì rén shì bù mén wǒ men jìn qù ba
这 边 是 人 事 部 门 ， 我 们 进 去 吧 。
This (side) is the HR department, let's go in.

466 这里   zhè lǐ   **Pronoun:** here

wǒ hěn xǐ huān zhè lǐ de fàn cài
我 很 喜 欢 **这 里** 的 饭 菜 。
I like the dishes **here** very much.

467 这儿   zhè'r   **Pronoun:** this place; here

nǐ kàn zhè'r jiù shì shì zhōng xīn de gōng yuán
你 看 ， **这 儿** 就 是 市 中 心 的 公 园 。
You see, **this** is the park of the city center.

468 这些   zhè xiē   **Pronoun:** these

zhè xiē shì mǎi gěi jiā rén de shèng dàn lǐ wù
这 些 是 买 给 家 人 的 圣 诞 礼 物 。
These are Christmas gifts bought for my family.

469 着 — zhe — indicate continued action

外 面 现 在 正 下 **着** 雨 。
wài miàn xiàn zài zhèng xià zhe yǔ
It's raining outside right now.

470 真 — zhēn — **Adverb:** truly

这 个 男 生 **真** 帅 !
zhè gè nán shēng zhēn shuài
This guy is **truly** handsome!

471 真的 — zhēn de — **Adjective:** true

这 个 新 闻 是 **真 的** 吗 ?
zhè gè xīn wén shì zhēn de ma
Is this news **true**?

472 正 — zhèng — **Adverb:** exactly

这 件 衬 衫 **正** 是 我 想 买 的 。
zhè jiàn chèn shān zhèng shì wǒ xiǎng mǎi de
This shirt is **exactly** what I want to buy.

473 正在 — zhèng zài — indicate action in progress (正在 + verb)

我 看 见 他 的 时 候 , 他 **正 在** 开 车 。
wǒ kàn jiàn tā de shí hòu tā zhèng zài kāi chē
When I saw him, he **was** driving.

474 知道 — zhī dào — **Verb:** to know

我 **知 道** 公 司 不 准 室 内 抽 烟 。
wǒ zhī dào gōng sī bù zhǔn shì nèi chōu yān
I **know** that the company does not allow smoking indoors.

475 知识   zhī shi   **Noun:** knowledge

tā zhī dào hěn duō kē xué zhī shi
他 知 道 很 多 科 学 **知 识** 。
He knows a lot of scientific **knowledge**.

476 中   zhōng   **Preposition:** amidst   **Noun:** middle

Pre.
shī gōng jìn xíng zhōng qǐng rào dào
施 工 进 行 **中** , 请 绕 道 。
Construction work **in progress**, please detour.

Noun
tā chuān zhōng hào de yī fu
他 穿 **中** 号 的 衣 服 。
He wears **medium** (middle number) sized clothes.

477 中国   zhōng guó   **Noun:** China

wǒ dǎ suàn míng nián qù zhōng guó lǚ yóu
我 打 算 明 年 去 **中 国** 旅 游 。
I plan to travel to **China** next year.

478 中间   zhōng jiān   **Noun:** middle

zài fēi jī shàng wǒ bù xǐ huān zuò zhōng jiān de zuò wèi
在 飞 机 上 , 我 不 喜 欢 坐 **中 间** 的 座 位 。
On the airplane, I don't like sitting in the **middle** seat.

479 中文   zhōng wén   **Noun:** Chinese language

zhōng wén shì yì zhǒng hěn měi de yǔ yán
中 文 是 一 种 很 美 的 语 言 。
Chinese is a type of beautiful language.

480 中午   zhōng wǔ   **Noun:** noon

今天**中午**，我会和同事吃午饭。
jīn tiān zhōng wǔ, wǒ huì hé tóng shì chī wǔ fàn

At **noon** today, I will have lunch with my colleagues.

481 中学   zhōng xué   **Noun:** middle school

这个**中学**有一百年的历史。
zhè ge zhōng xué yǒu yī bǎi nián de lì shǐ

This **middle school** has a hundred years' history.

482 中学生   zhōng xué shēng   **Noun:** middle school students

体育馆有五十个**中学生**。
tǐ yù guǎn yǒu wǔ shí ge zhōng xué shēng

There are fifty **middle school students** in the gymnasium.

483 重   zhòng   **Adjective:** heavy

这些书很**重**，你需要帮忙吗？
zhè xiē shū hěn zhòng, nǐ xū yào bāng máng ma

These books are **heavy**, do you need help?

484 重要   zhòng yào   **Adjective:** important

我的先生是我最**重要**的人。
wǒ de xiān sheng shì wǒ zuì zhòng yào de rén

My husband is the most **important** person to me.

485 住   zhù   **Verb:** to live (at)

你**住**在哪儿？我可以送你回家。
nǐ zhù zài nǎ ér? wǒ kě yǐ sòng nǐ huí jiā

Where do you **live**? I can accompany you home.

486 准备 zhǔn bèi **Verb:** to prepare

明天面试，你准备了吗？
míng tiān miàn shì, nǐ zhǔn bèi le ma
For tomorrow's interview, have you **prepared**?

487 桌子 zhuō zi **Noun:** table

我的厨房有一张大圆桌子。
wǒ de chú fáng yǒu yì zhāng dà yuán zhuō zi
There is a big round **table** in my kitchen.

488 字 zì **Noun:** characters

他会用毛笔写汉字。
tā huì yòng máo bǐ xiě hàn zì
He can write Chinese **characters** with a brush.

489 子 zi **Suffix:** added after nouns

在中国，男生戴绿帽子是禁忌。
zài zhōng guó, nán shēng dài lǜ mào zi shì jìn jì
In China, it is taboo for guys to wear green **hat**.

490 走 zǒu **Verb:** to go; to leave

已经十点了，我应该走了。
yǐ jīng shí diǎn le, wǒ yīng gāi zǒu le
It's ten o'clock, I should **go**.

491 走路 zǒu lù **Verb:** to walk

公司很近，所以我每天走路上班。
gōng sī hěn jìn, suǒ yǐ wǒ měi tiān zǒu lù shàng bān
The company is very close, so I **walk** to work every day.

492 最   zuì   **Adverb:** most

我觉得中餐最好吃！
wǒ jué de zhōng cān zuì hǎo chī
I think Chinese food is the **most** delicious!

493 最好   zuì hǎo   **Adjective:** best

我的狗是我最好的朋友！
wǒ de gǒu shì wǒ zuì hǎo de péng yǒu
My dog is my **best** friend!

494 最后   zuì hòu   **Noun:** end; final

你知道故事的最后是什么吗？
nǐ zhī dào gù shì de zuì hòu shì shén me ma
Do you know what the **end** of the story was?

495 昨天   zuó tiān   **Noun:** yesterday

我忘了昨天是她的生日。
wǒ wàng le zuó tiān shì tā de shēng rì
I forgot that **yesterday** was her birthday.

496 左   zuǒ   **Noun:** left

我习惯用左手。
wǒ xí guàn yòng zuǒ shǒu
I am used to using my **left** hand.

497 左边   zuǒ bian   **Noun:** left side

左边的房间是我的卧室。
zuǒ bian de fáng jiān shì wǒ de wò shì
The room on the **left side** is my bedroom.

498 坐   zuò   **Verb:** to sit; to take (vehicle)

wǒ dǎ suàn zuò fēi jī qù běi jīng
我 打 算 **坐** 飞 机 去 北 京 。
I plan to **take** plane to Beijing.

xiān sheng nín hǎo qǐng zuò
先 生 您 好 ！请 **坐** 。
Hello sir! Please **sit**.

499 坐下   zuò xià   **Verb:** to sit down

qǐng nǐ xiān zuò xià wǒ mǎ shàng jiù huí lái
请 你 先 **坐 下** ，我 马 上 就 回 来 。
Please **sit down** first, I will be back soon.

500 做   zuò   **Verb:** to make; to do; to be

wǒ hěn xǐ huān zuò jiǎo zi
我 很 喜 欢 **做** 饺 子 。
I like **making** dumplings very much.

wǒ ér zi shuō zhǎng dà hòu yào zuò fēi xíng yuán
我 儿 子 说 ，长 大 后 要 **做** 飞 行 员 。
My son said that, he wants **to be** a pilot when he grows up.

3

KEY GRAMMAR

① COMMON CLASSIFIERS

CLASSIFIER	USAGE	EXAMPLES
gè 个	General classifier, used for a wide variety of objects and people.	yí gè rén 一 个 人 one person liǎng gè píng guǒ 两 个 苹 果 two apples sān gè wèn tí 三 个 问 题 three questions
zhī 只	Mainly used for animals and certain body parts.	yì zhī māo 一 只 猫 one cat liǎng zhī shǒu 两 只 手 two hands sān zhī niǎo 三 只 鸟 three birds
tiáo 条	Used for long, narrow, and flexible things or animals.	yì tiáo hé 一 条 河 one river liǎng tiáo shé 两 条 蛇 two snakes sān tiáo kù zi 三 条 裤 子 three pairs of pants
běn 本	Used for books and other bound volumes.	yì běn shū 一 本 书 one book liǎng běn zá zhì 两 本 杂 志 two magazines sān běn cí diǎn 三 本 词 典 three dictionaries
zhāng 张	Used for flat objects such as paper, tables, and beds.	yì zhāng zhǐ 一 张 纸 one sheet of paper liǎng zhāng zhuō zi 两 张 桌 子 two tables sān zhāng zhào piàn 三 张 照 片 three photographs

CLASSIFIER	USAGE	EXAMPLES
jiàn 件	Mainly used for items of clothing or matters.	yí jiàn shì qing 一 件 事 情 one matter liǎng jiàn yī fu 两 件 衣 服 two pieces of clothing sān jiàn lǐ wù 三 件 礼 物 three gifts
kuài 块	Used for pieces, chunks, or lumps of things.	yí kuài dàn gāo 一 块 蛋 糕 one piece of cake liǎng kuài féi zào 两 块 肥 皂 two bars of soaps sān kuài zhū ròu 三 块 猪 肉 three pieces of pork
píng 瓶	Used for bottles of liquid.	yì píng shuǐ 一 瓶 水 one bottle of water liǎng píng jiǔ 两 瓶 酒 two bottles of wine sān píng kě lè 三 瓶 可 乐 three bottles of cola
bēi 杯	Used for cups or glasses of liquid.	yì bēi chá 一 杯 茶 one cup of tea liǎng bēi kā fēi 两 杯 咖 啡 two cups of coffee sān bēi guǒ zhī 三 杯 果 汁 three glasses of juice
liàng 辆	Used for vehicles.	yí liàng chē 一 辆 车 one car liǎng liàng zì xíng chē 两 辆 自 行 车 two bicycles sān liàng gōng jiāo chē 三 辆 公 交 车 three buses
jiā 家	Used for households, businesses or establishments.	yì jiā rén 一 家 人 one family liǎng jiā fàn guǎn 两 家 饭 馆 two restaurants sān jiā gōng sī 三 家 公 司 three companies

② COMMON POSITION WORDS

POSITION	DEFINITION	EXAMPLE
shàng 上	up	shàng bian 上边 top (side)
xià 下	down	xià bian 下边 bottom (side)
zuǒ 左	left	zuǒ shǒu 左手 left hand
yòu 右	right	yòu shǒu 右手 right hand
qián 前	front	qián miàn 前面 front (surface)
hòu 后	back	hòu miàn 后面 back (surface)
lǐ 里	inside	lǐ miàn 里面 inside
wài 外	outside	wài miàn 外面 outside
zhōng 中	middle	zhōng xīn 中心 center (middle heart)
dōng 东	east	dōng fāng 东方 east (direction)
xī 西	west	xī fāng 西方 west (direction)
nán 南	south	nán jí 南极 The South Pole
běi 北	north	běi jí 北极 The North Pole

③ EXPRESSION OF TIME

CATEGORY	WORDS	
Times of Day	凌晨 (líng chén)	before dawn
	早上 (zǎo shàng)	early morning
	上午 (shàng wǔ)	late morning
	中午 (zhōng wǔ)	noon
	下午 (xià wǔ)	afternoon
	晚上 (wǎn shàng)	evening
	午夜 (wǔ yè)	midnight
Days Relative to Today	前天 (qián tiān)	the day before yesterday
	昨天 (zuó tiān)	yesterday
	今天 (jīn tiān)	today
	明天 (míng tiān)	tomorrow
	后天 (hòu tiān)	the day after tomorrow
Years Relative to This Year	前年 (qián nián)	the year before last
	去年 (qù nián)	last year
	今年 (jīn nián)	this year
	明年 (míng nián)	next year
	后年 (hòu nián)	the year after next

CATEGORY	WORDS
Days of the Week	周一 / 星期一 Monday (zhōu yī / xīng qī yī) 周二 / 星期二 Tuesday (zhōu èr / xīng qī èr) 周三 / 星期三 Wednesday (zhōu sān / xīng qī sān) 周四 / 星期四 Thursday (zhōu sì / xīng qī sì) 周五 / 星期五 Friday (zhōu wǔ / xīng qī wǔ) 周六 / 星期六 Saturday (zhōu liù / xīng qī liù) 周天 / 星期天 / 星期日 Sunday (zhōu tiān / xīng qī tiān / xīng qī rì) 周末 Weekend (zhōu mò) 工作日 Weekday (gōng zuò rì)
Specific Dates number + 月 + number + 号	一月三号 3rd January (yī yuè sān hào) 五月七号 7th May (wǔ yuè qī hào) 九月十号 10th September (jiǔ yuè shí hào) 十二月二十五号 25th December (shí èr yuè èr shí wǔ hào)
Specific Times (time of day) + number + 点 + number + (分)	(早上) 七点十分 7:10 am (zǎo shàng qī diǎn shí fēn) (上午) 十一点 11 am (shàng wǔ shí yī diǎn) (下午) 两点四十 2:40 pm (xià wǔ liǎng diǎn sì shí) (晚上) 九点三十 / 半 9:30 pm (wǎn shàng jiǔ diǎn sān shí / bàn)

④ COMMON PRONOUNS

CATEGORY	SINGULAR	PLURAL
Personal Pronouns	我 wǒ — I 你 nǐ — you 他 tā — he 她 tā — she 它 tā — it (objects/animals)	我们 wǒ men — we 你们 nǐ men — you 他们 tā men — they (all male/mixed) 她们 tā men — they (all female) 它们 tā men — they
Demonstrative Pronouns	这个 zhè gè — this 那个 nà gè — that 这里 zhè lǐ — here 那里 nà lǐ — there	这些 zhè xiē — these 那些 nà xiē — those
Indefinite Pronouns	有的 yǒu de — some 有些 yǒu xiē — some 一些 yì xiē — some 有人 yǒu rén — someone 任何 rèn hé — any	
Interrogative Pronoun	谁 shéi — who 几 jǐ — how many (small numbers) 多少 duō shǎo — how many/how much 哪里 nǎ lǐ — where 什么 shén me — what 为什么 wèi shén me — why 什么时候 shén me shí hòu — when/what time	

(5) FORMING QUESTIONS

RULE / USAGE	EXAMPLES
Statement + 吗 (ma) (used for yes/no questions)	nǐ hǎo ma 你 好 吗？ How are you? nǐ shì zhōng guó rén ma 你 是 中 国 人 吗？ Are you Chinese? nǐ men xiǎng gēn wǒ hē pí jiǔ ma 你 们 想 跟 我 喝 啤 酒 吗？ Do you want to drink beer with me?
Statement + 吧 (ba) (make suggestions or seek confirmation in a less direct manner)	nǐ xiǎng chī dàn chǎo fàn ba 你 想 吃 蛋 炒 饭 吧？ Would you like some egg fried rice? nǐ shì dà xué shēng ba 你 是 大 学 生 吧？ Are you a college student? nǐ men zài shàng hǎi gōng zuò ba 你 们 在 上 海 工 作 吧？ Do you work in Shanghai?
Interrogative pronoun + statement (replace the relevant part of a statement with an interrogative pronoun)	shéi shì wáng lǎo shī 谁 是 王 老 师？ **Who** is Teacher Wang? zhè jiàn chèn shān duō shǎo qián 这 件 衬 衫 **多 少 钱**？ **How much** is this shirt? nǐ xǐ huān chī shí me shuǐ guǒ 你 喜 欢 吃 **什 么** 水 果？ **What** fruits do you like to eat?
Tag questions / affirmative-negative repetition structure (used for seeking confirmation or agreement directly)	nǐ shì bu shì xǐ huān xiǎo yún 你 **是 不 是** 喜 欢 小 云？ Do you like Xiaoyun **or not**? nǐ xiǎng bu xiǎng hé tā jié hūn 你 **想 不 想** 和 她 结 婚？ Do you **want** to marry her **or not**? wǒ men yì qǐ qù táng rén jiē hǎo bu hǎo 我 们 一 起 去 唐 人 街，**好 不 好**？ Let's go to Chinatown together, okay (**fine or not**)?

⑥ SUBJECT + (ADVERB) + NOUN / ADJECTIVE

	SUBJECT	ADVERB	NOUN	ADJECTIVE
Ex. 1	今天 (jīn tiān)		星期天 (xīng qī tiān)	

Today is Sunday.

	SUBJECT	ADVERB	NOUN	ADJECTIVE
Ex. 2	我儿子 (wǒ ér zi)	刚刚 (gāng gāng)	十岁 (shí suì)	

My son is just ten years old.

	SUBJECT	ADVERB	NOUN	ADJECTIVE
Ex. 3	她的猫 (tā de māo)			可爱 (kě ài)

Her cat is cute.

	SUBJECT	ADVERB	NOUN	ADJECTIVE
Ex. 4	我 (wǒ)	非常 (fēi cháng)		开心 (kāi xīn)

I'm very happy.

⑦ SUBJECT + VERB + (NOUN)

	SUBJECT	VERB	NOUN
Ex. 1	我 (wǒ)	吃了 (chī le)	

I've eaten.

	SUBJECT	VERB	NOUN
Ex. 2	我姐姐 (wǒ jiě jie)	喜欢 (xǐ huān)	小狗 (xiǎo gǒu)

My older sister likes puppies.

	SUBJECT	VERB	NOUN
Ex. 3	学校 (xué xiào)	有 (yǒu)	四百个学生 (sì bǎi gè xué shēng)

The school has 400 students.

	SUBJECT	VERB	NOUN
Ex. 4	我和老公 (wǒ hé lǎo gōng)	想买 (xiǎng mǎi)	一套海边的公寓。(yí tào hǎi biān de gōng yù)

My husband and I want to buy an apartment by the sea.

⑧ SUBJECT + ADVERB + VERB + (NOUN)

	SUBJECT	ADVERB	VERB	NOUN
Ex. 1	wáng xiǎo wén 王小文	yě 也	shì 是	dà xué shēng 大学生

Wang Xiaowen is also a college student.

Ex. 2	wǒ 我	zhēn xīn 真心	ài 爱	tā 她

I truly love her.

Ex. 3	wǒ de bà ba 我的爸爸	cóng bù 从不	chōu yān 抽烟	

My dad never smokes.

Ex. 4	wǒ men quán jiā 我们全家	dōu 都	yǒu 有	diàn nǎo hé shǒu jī 电脑和手机

Our whole family has computers and mobile phones.

⑨ SUBJECT + ADVERB + VERB 1 + VERB 2 + (NOUN)

	SUBJECT	ADVERB	VERB 1	VERB 2	NOUN
Ex. 1	wǒ 我	yì zhí 一直	xǐ huān 喜欢	tiào wǔ 跳舞	

I always like dancing.

Ex. 2	chén yún 陈云	tiān tiān 天天	lái 来	dǎ yóu xì 打游戏	

Chen Yun comes to play games every day.

Ex. 3	lǎo bǎn 老板	hěn 很	ài 爱	chuān 穿	xī zhuāng 西装

The boss loves wearing suit very much.

Ex. 4	wǒ de nǚ péng yǒu 我的女朋友	tè bié 特别	qī dài 期待	qù 去	lún dūn 伦敦

My girlfriend especially looks forward to going to London.

⑩ SUBJECT + VERB + COMPLEMENT + (QUESTION PARTICLE)

	SUBJECT	VERB	COMPLEMENT	QUESTION PARTICLE
Ex. 1	wǒ 我	gǎn jué 感觉	hěn lèi 很累	

I feel very tired.

	SUBJECT	VERB	COMPLEMENT	QUESTION PARTICLE
Ex. 2	nǐ de gǒu 你的狗	chī 吃	bǎo le 饱了	ma 吗？

Is your dog fully fed?

	SUBJECT	VERB	COMPLEMENT	QUESTION PARTICLE
Ex. 3	wǒ gē ge 我哥哥	shuō 说	tā hěn kě 他很渴	

My older brother said he is very thirsty.

	SUBJECT	VERB	COMPLEMENT	QUESTION PARTICLE
Ex. 4	nǐ 你	dǎ suàn 打算	zài xià tiān xué kāi chē 在夏天学开车	ma 吗？

Do you plan to learn to drive in summer?

⑪ TIME + SUBJECT + ADVERBIAL + LOCATION + (VERB)
*time can also be placed after subject

	TIME	SUBJECT	ADVERBIAL	LOCATION	VERB
Ex. 1	xià wǔ 下午	wǒ 我	bú 不	zài xué xiào 在学校	

I'm not at school in the afternoon.

	TIME	SUBJECT	ADVERBIAL	LOCATION	VERB
Ex. 2	míng tiān 明天	wǒ 我	yí dìng 一定	zài jiā 在家	gōng zuò 工作

Tomorrow I will definitely work at home.

	TIME	SUBJECT	ADVERBIAL	LOCATION	VERB
Ex. 3	měi zhōu èr 每周二	wǒ 我	dōu 都	zài gōng sī 在公司	chī wǔ fàn 吃午饭

Every Tuesday I always have lunch at the company.

	TIME	SUBJECT	ADVERBIAL	LOCATION	VERB
Ex. 4	zuó tiān 昨天	wǒ de nán péng yǒu 我的男朋友	zǎo zǎo de 早早地	zài diàn yǐng yuàn 在电影院	děng wǒ 等我

Yesterday my boyfriend was waiting for me at the cinema early.

⑫ THE USE OF 了

verb + 了(le) + (object) — indicate **completion** of an action or event

Ex. 1 对不起，我忘了。
duì bu qǐ, wǒ wàng le
Sorry, I **forgot**.

Ex. 2 我刚刚吃了两块蛋糕。
wǒ gāng gāng chī le liǎng kuài dàn gāo
I just **ate** two pieces of cake.

sentence + 了(le) — indicate a **change** of state or new information

Ex. 1 天气变好了。
tiān qì biàn hǎo le
The weather has gotten better.

Ex. 2 你看，她的脸红了。
nǐ kàn, tā de liǎn hóng le
Look, she's blushing (face red).

verb phrase + 了(le) — to **soften** the tone or imply a sense of urgency or finality

Ex. 1 别说了，我们得出发了。
bié shuō le, wǒ men děi chū fā le
Stop talking, we **need to set up**.

Ex. 2 告诉他不要浪费时间了。
gào sù tā bú yào làng fèi shí jiān le
Tell him **not to waste time**.

Write your own:

⑬ THE USE OF 在

subject + 在(zài) + place — indicate where something or someone is **located**

Ex. 1 我(wǒ) 在(zài) 家(jiā)。
I am **at** home.

Ex. 2 北(běi) 京(jīng) 在(zài) 中(zhōng) 国(guó), 东(dōng) 京(jīng) 在(zài) 日(rì) 本(běn)。
Beijing is **in** China, Tokyo is **in** Japan.

在(zài) + time — indicate when something is **happening**

Ex. 1 我(wǒ) 的(de) 男(nán) 朋(péng) 友(yǒu) 在(zài) 晚(wǎn) 上(shàng) 工(gōng) 作(zuò)。
My boyfriend works **at** night.

Ex. 2 我(wǒ) 们(men) 会(huì) 在(zài) 十(shí) 二(èr) 点(diǎn) 见(jiàn) 面(miàn)。
We will meet **at** twelve o'clock.

subject + 在(zài) + verb — indicate an **ongoing** action

Ex. 1 我(wǒ) 在(zài) 看(kàn) 书(shū), 她(tā) 在(zài) 看(kàn) 电(diàn) 视(shì)。
I am read**ing** a book and she is watch**ing** TV.

Ex. 2 我(wǒ) 在(zài) 做(zuò) 饭(fàn), 不(bù) 能(néng) 接(jiē) 电(diàn) 话(huà)。
I am cook**ing** and cannot answer the phone.

Write your own:

⑭ 从…到…

cóng 从 + place 1 + **dào** 到 + place 2

to specify the starting and ending points of a journey or distance
from…to…

Ex. 1
cóng zhōng guó dào měi guó hěn yuǎn
从中国到美国很远。
It is very far **from** China **to** the United States.

Ex. 2
wǒ měi tiān cóng jiā kāi chē dào gōng sī
我每天从家开车到公司。
I drive **from** home **to** the company every day.

cóng 从 + time 1 + **dào** 到 + time 2

to specify the beginning and end of a time period
from…to…

Ex. 1
cóng zhōu yī dào zhōu wǔ, wǒ dōu hěn máng
从周一到周五，我都很忙。
From Monday **to** Friday, I'm always very busy.

Ex. 2
wǒ cóng zǎo shàng jiǔ diǎn gōng zuò dào xià wǔ liù diǎn
我从早上九点工作到下午六点。
I work **from** 9am **to** 6pm.

cóng 从 + sequence 1 + **dào** 到 + sequence 2

to indicate sequences or ranges
from…to…

Ex. 1
qǐng nǐ cóng líng shǔ dào yī bǎi
请你从零数到一百。
Please count **from** zero **to** one hundred.

Ex. 2
wǒ cóng xiǎo dào dà dōu xǐ huān dǎ lán qiú
我从小到大都喜欢打篮球。
I have liked playing basketball **from** childhood **to** adulthood.

Write your own:

⑮ 不 vs 没有

bù
不 + verb/adjective   used for **present or future** negation

Ex. 1
wǒ bù xǐ huān hē bái jiǔ
我 **不** 喜 欢 喝 白 酒。
I **don't** like drinking white wine.

Ex. 2
zhè tiáo qún zi bú guì
这 条 裙 子 **不** 贵。
This skirt is **not** expensive.

méi **yǒu**
没 (有) + verb/noun   used for **past** negation or to indicate absence

Ex. 1
wǒ zuó tiān méi yǒu qù shàng bān
我 昨 天 **没 有** 去 上 班。
I **did not** go to work yesterday.

Ex. 2
wǒ de nǚ péng yǒu méi qián
我 的 女 朋 友 **没** 钱。
My girlfriend **does not have** money.

Write your own:

⑯ 也 vs 还

也 (yě) + verb/adjective — indicate addition or similarity
also/too...

Ex. 1 我有手机，**也**有平板。
wǒ yǒu shǒu jī, yě yǒu píng bǎn
I have a mobile phone and **also** have a tablet.

Ex. 2 我喜欢绿色，他**也**喜欢。
wǒ xǐ huān lǜ sè, tā yě xǐ huān
I like green, and he likes it **too**.

Write your own:

还 (hái) + verb/adjective — indicate continuation or addition of actions, qualities, or conditions
still/also/additionally...

Ex. 1 他**还**不知道这件事。
tā hái bù zhī dào zhè jiàn shì
He **still** doesn't know about this matter.

Ex. 2 我要去巴黎，**还**要去柏林。
wǒ yào qù bā lí, hái yào qù bó lín
I want to go to Paris; I **also** want to go to Berlin.

Write your own:

⑰ 想 vs 要

xiǎng
想 + verb/noun

indicate a desire, intention, or thought
to want/think/miss...

Ex. 1
wǒ xiǎng chī huǒ guō
我 想 吃 火 锅。
I **want** to eat hotpot.

Ex. 2
wǒ hěn xiǎng zhōng guó　　yě hěn xiǎng nǐ
我 很 想 中 国， 也 很 想 你。
I really **miss** China, and also really **miss** you.

Write your own:

yào
要 + verb/noun

indicate intention, need or requirement
to want/need/going to

Ex. 1
wǒ yào hē shuǐ　　yě yào xiū xi
我 要 喝 水， 也 要 休 息。
I **want** to drink water; I **need** to rest too.

Ex. 2
wǒ yào huí jiā　　bú yào qù jiǔ ba
我 要 回 家， 不 要 去 酒 吧。
I'm **going to** go home, **not going to** go to the bar.

Write your own:

⑱ 或者 vs 还是

verb/noun + 或(者)huòzhě + verb/noun

used in **statements** to present alternatives
...or...

Ex. 1 我们可以今天或者明天去。
wǒ men kě yǐ jīn tiān huò zhě míng tiān qù
We can go today **or** tomorrow.

Ex. 2 我喜欢打网球或踢足球。
wǒ xǐ huān dǎ wǎng qiú huò tī zú qiú
I like playing tennis **or** playing football.

Write your own:

---

verb/noun + 还是hái shì + verb/noun

used in **questions** to ask for a specific choice between options
...or...

Ex. 1 你想喝绿茶还是喝咖啡?
nǐ xiǎng hē lǜ chá hái shì hē kā fēi
Do you want to drink green tea **or** coffee?

Ex. 2 他是律师还是工程师?
tā shì lǜ shī hái shì gōng chéng shī
Is he a lawyer **or** an engineer?

Write your own:

⑲ 的 vs 地 vs 得

noun/adjective/phrase + 的(de) + noun

possessive or descriptive particle used for linking a noun or pronoun to its modifier

Ex. 1
zhè shì wǒ de mào zi, wǒ xǐ huān bái sè de mào zi
这是我的帽子，我喜欢白色的帽子。
This is **my** hat; I like **white** hats.

Ex. 2
zhè shì wǒ zuó tiān mǎi de běn zi
这是我昨天买的本子。
This is the notebook **I bought yesterday**.

adjective/adverb + 地(de) + verb

adverbial particle linking an adjective or adverb to a verb to indicate how an action is performed

Ex. 1
wǒ mā kāi xīn de xiào le
我妈开心地笑了。
My mother smiled **happily**.

Ex. 2
tā zài cāo chǎng shàng fēng kuáng de pǎo
他在操场上疯狂地跑。
He is running **crazily** on the playground.

verb/adjective + 得(de) + complement

complement particle linking a verb or adjective to its complement, indicating the degree or result of an action or state

Ex. 1
wǒ de gǒu pǎo de hěn kuài
我的狗跑得很快。
My dog **runs very fast**.

Ex. 2
tā gāo xìng de tiào qǐ lái
他高兴得跳起来！
He was **so joyful that he jumped up**!

Write your own:

⑳ 会 vs 可以 vs 能

subject + 会(huì) + verb   used to indicate ability, skill, or the likelihood of something happening
...can/will...

Ex. 1 我 **会** 说 英 文，也 **会** 说 中 文。
wǒ huì shuō yīng wén, yě huì shuō zhōng wén
I **can** speak English; I **can** speak Chinese too.

Ex. 2 明 天 **会** 下 雨，不 **会** 下 雪。
míng tiān huì xià yǔ, bú huì xià xuě
It **will** rain tomorrow, but **will** not snow.

subject + 可以(kě yǐ) + verb   used to express permission or possibility to do something
...may/can...

Ex. 1 我 **可 以** 进 来 吗？
wǒ kě yǐ jìn lái ma
May I come in?

Ex. 2 抱 歉，这 里 不 **可 以** 停 车。
bào qiàn, zhè lǐ bù kě yǐ tíng chē
Apologies, you **can** not park the car here.

subject + 能(néng) + verb   used to indicate capability or possibility due to external or inherent conditions
...can/able to...

Ex. 1 堵 车 了！我 不 **能** 准 时 到。
dǔ chē le, wǒ bù néng zhǔn shí dào
There's a traffic jam! I **can** not arrive on time.

Ex. 2 他 是 聋 哑 人，不 **能** 说 话。
tā shì lóng yǎ rén, bù néng shuō huà
He is deaf and dumb and is not **able to** speak.

Write your own:

ACCESS AUDIO

Please follow the instructions provided below to access the Chinese audio for this book:

INSTRUCTIONS TO ACCESS AUDIO

1. **Scan this QR code** ⟶
   or go to: **www.linglingmandarin.com/books**

2. Locate this book in the list of LingLing Mandarin Books

3. Click the "Access Audio" button   Access Audio

4. Enter the password (case-sensitive):

Yc7s6Kh

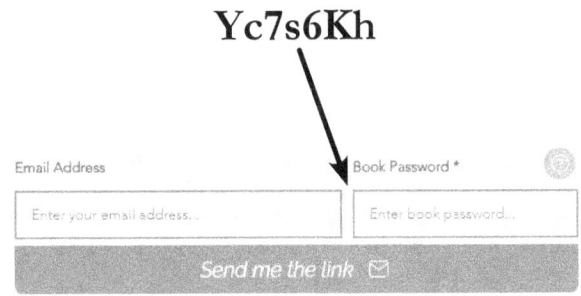

NEW HSK VOCABULARY SERIES

LEARN CHINESE VOCABULARY FOR BEGINNERS:
NEW HSK 1

LEARN CHINESE VOCABULARY FOR BEGINNERS:
NEW HSK 2

LEARN CHINESE VOCABULARY FOR BEGINNERS:
NEW HSK 3

LEARN CHINESE VOCABULARY FOR INTERMEDIATE:
NEW HSK 4

LEARN CHINESE VOCABULARY FOR INTERMEDIATE:
NEW HSK 5

LEARN CHINESE VOCABULARY FOR INTERMEDIATE:
NEW HSK 6

 Join LingLing's Free Newsletter!

Want to boost your Chinese learning with fresh tips, cultural gems, and exclusive updates? Be the first to hear about new book releases, blog posts, and additional content.

Whether you're a beginner or brushing up your skills, there's something for every learner.

Scan the QR code opposite or visit: www.linglingmandarin.com/notify

BOOKS BY LINGLING

CHINESE CONVERSATIONS FOR BEGINNERS

CHINESE STORIES FOR LANGUAGE LEARNERS: ELEMENTARY

THE ART OF WAR FOR LANGUAGE LEARNERS

CHINESE WRITING FOR KIDS WORKBOOK 1 (CHARACTERS 1-100)

CHINESE WRITING FOR KIDS WORKBOOK 2 (CHARACTERS 101-200)

CHINESE WRITING FOR KIDS WORKBOOK 1 (CHARACTERS 201-300)

CLAIM YOUR
FREE EBOOK

www.linglingmandarin.com/beginner-bundle

ABOUT THE AUTHOR

LingLing is a native Chinese Mandarin educator with an MA in Communication and Language. Originally from China, now living in the UK, she is the founder of the learning brand LingLing Mandarin, which aims to create the best resources for learners to master the Chinese language and achieve deep insight into Chinese culture in a fun and illuminating way. *Discover more about LingLing and access more great resources by following the links below or scanning the QR codes.*

 **WEBSITE**
linglingmandarin.com

YOUTUBE
youtube.com/c/linglingmandarin

 **PATREON**
patreon.com/linglingmandarin

INSTAGRAM
instagram.com/linglingmandarin